僅以本書獻給參與以核養綠兩次公投的
老師、志工、連署的公民及幫助過我們的人

煙硝的日常

以核養綠公民運動紀實

目錄

桃園市市長
張善政

以「以核養綠」為名的運動仍在繼續

在臺灣，核能發電長期以來都有不小的爭議。支持核能發電的人士認為，核電能夠帶來穩定的能源供應，並減少對化石燃料的依賴。然而，反對核能發電的人士則認為，核電帶來的風險遠大於其益處，而且核能的發電方式與其高放射性廢棄物，一旦管理不善，對環境和人類健康將有嚴重的威脅。

而日本不幸於 2011 年發生福島事故，連帶讓臺灣反核方的聲音更形擴大，間接促成在 2014 年，我國執政當局被迫封存核四。核四是否安全？該不該運轉？在當時已不是個工程問題，甚至不全然是能源政策問題，而是成為政黨爭執的核心。

逆流而上的有識之士為正確能源政策發聲

然而，在這波反核電的浪潮中，有一群關心臺灣未

來能源發展的憂國之士，他們意識到無論考慮到供電量價穩定、永續發展抑或是國家安全，核電都應該是重要的選項。這群有識之士包含王明鉅教授、李敏教授、葉宗洸教授、王伯輝前廠長以及黃士修先生等人。他們為了讓執政者重新考慮核能發電的問題，並且在適當的條件下重啟核四，以「以核養綠」為號召，成功地發動了公民投票，在 2018 年也得到了大多數臺灣民眾的支持。但是最終很可惜的，執政當局無視民主原則，拒絕履行公投結果；其後，2021 年再次公投，則不幸功敗垂成。

　　這本書「無煙硝的革命」，書寫了多位「以核養綠」運動推動者的心路歷程，也記錄他們在運動過程中所面臨的困境和挑戰。這讓讀者能從多個不同的第一視角看待這個議題，了解核電議題在臺灣社會的複雜性。對我來說，這本書無疑是「以核養綠」最好的紀念。所以當李敏教授邀請我為此書作序時，我欣然從命。我要強調，這場以「以核養綠」為名的社會運動，仍在持續。雖然暫時遇到阻礙，但運動中所傳播的理性、科學、專業與社會溝通並重的精神，將持續在臺灣社會的公共討論中發揮作用。

　　從這個角度來看，我想告訴所有發起、推廣這兩場公投以及參與投票的每一名公民，大家沒有失敗，努力也不會白費，只要這場運動中主張的政策理性思辨能持續擴散，我們的社會最終一定會做出對臺灣最有利的能源選擇。

推
薦
序

法學教授、終身志工
陳長文 律師

別讓民進黨非核神主牌誤了 2050 淨零的承諾！

　　筆者與李敏教授第一次相識，是在 2021 年底理律法律事務所與願景工程基金會共同舉辦的「氣候危機行動論壇」會場，但在此前筆者早已時常在報章媒體上，看到李敏老師及包括葉宗洸、王伯輝、黃士修等許多學者專家及志工朋友們，為臺灣這片土地夙夜匪懈地進行一場「以核養綠」寧靜革命。2018 年「以核養綠」公投通過，全民用公投選票「複決」廢除《電業法》第 95 條之 1 非核期程乃中華民國法治史上重要里程碑！筆者對李敏及每一位參與其中的學者志工朋友們由衷感謝與敬佩。

　　當李敏老師邀請筆者為這本《無煙硝的革命—以核養綠公民運動紀實》作序，筆者義不容辭，樂意以一個習法之人的角度為「淨零碳排」盡一份綿薄之力，也給書中每一位熱血志工夥伴致敬與鼓勵。

我們只有一個地球，全球暖化 Be worried. Be very worried!

　　筆者初聞環保運動，是在半世紀前在美攻讀博士期間，校園中有一群熱情的青年，正憂心著工業與全球化加速發展下，高汙染排放對環境產生不可逆的傷害，因此號召美國人走上街頭，並以發人深省的「我們只有一個地球」提醒世人，這就是我們的家，我們得要善待地球。

　　時間來到 2006 年，一張怵目驚心的時代雜誌封面，再度喚起筆者對環境保護的迫切感，一隻瘦骨嶙峋的北極熊腳踏細碎浮冰之上，努力地在持續融冰的北極海上，找尋可能的下一餐！斗大的標題附記一旁：「Be worried. Be very worried!」、「Earth at the tipping point」。筆者第一次感受到，全球暖化正在以超乎想像的速度惡化之中，地球持續發燒的結果，即將對人類永續造成衝擊，我們得要加快腳步盡早行動！減少溫室氣體排放是眼前的當務之急。

　　然而，在美國前副總統高爾 (Al Gore) 2006 年以「不願面對的真相」(An Inconvenient Truth) 揭露暖化並非空穴來風，是真正的科學問題，必須用科學方法解決之前，國際上對於溫室氣體減排的合作始終意興闌珊。固然早在 1988 年聯合國便成立「政府間氣候變化專門委員會」(Intergovernmental Panel on Climate Change，IPCC)、1992 年通過「聯合國氣候變遷綱要公約」(United Nations Framework Convention on Climate Change，UNFCCC)，但從 1997 年《京都議定書》的失敗可見，直到本世紀初人類尚且不相信氣候災難已近在咫尺、迫在眉睫！

更糟糕的是，美國總統川普一上任便以否定科學之態度，退出用於加強「聯合國氣候變遷綱要公約」（UNFCCC）執行有效性的《巴黎協定》（Paris Agreement, 2016），拒絕履行美國應有的減排目標，此舉無疑是對國際共同解決氣候變遷之努力喝倒采。隨後 IPCC 發布《全球升溫 1.5°C 特別報告》（Special Report on Global Warming of 1.5°C) 向世人公布科學殘酷的現實，報告顯示升溫 1.5°C 將可能導致不可逆的氣候災難，各國可以努力的時間所剩不多。簡言之，我們正處在「如何」而非「是否」淨零的十字路口，關鍵在方法！

拜登政府於 2021 年甫上任，便率先重返《巴黎協定》，並在同年 4 月邀集世界多國領袖宣示於 2050 年前達到淨零碳排目標。對此蔡總統也不例外，在世界地球日當天「前瞻且大膽」承諾 2050 中華民國也要淨零。但攤開當前臺灣地區貧瘠的淨零路徑，不免令人憂心，我們該拿什麼淨零？！

多邊公約內國法化，中華民國應主動承擔減碳責任，為下一代保護地球！

中華民國特殊的國際地位，使我們無法簽訂任何多邊公約或協定，但在全球透過「國際法」實踐救援氣候危機的行動上，我們不該缺席。回首馬政府時代，於 2015 年 7 月，便趕在同年底 12 月 12 日通過《巴黎協定》前夕，制定以 2050 減碳 50% 之《溫室氣體減量及管理法》界定我國之減排義務，提早符合《巴黎協定》之國際目標，正因國民黨無「非核家園」神主牌包袱，才能更有遠見地善用核能並與綠能發展作搭配，《再生能源發展條例》亦是在其任內所通過。用「以核養綠」之科學方式邁向淨零是最穩健的做法。

能源轉型但天然氣占比五成，八成靠石化能源邁向淨零，根本請鬼拿藥單。

　　然而，2016 年蔡總統第一任期甫就任，提出 2025 年「非核家園」及「五三二能源政策」（即天然氣占比百分之五十，煤百分之三十，綠能百分之二十之能源轉型政策），民進黨只顧「非核家園」，卻忘記減碳是科學問題，身兼民進黨主席的蔡總統，嘴上喊著 2050 淨零碳排，用八成的石化燃料能源（天然氣與煤都屬石化燃料）幻想淨零！風、光電等再生能源固然重要，但是缺少核能作為基載電力，不僅缺電成為日常外，淨零將成空談。蓋無論核能是否被視為「綠電」，核能就是沒有碳排，不會加劇溫室效應惡化。但燃燒後的天然氣只是碳排減半，更甚者天然氣主要成分為甲烷，其 20 年全球暖化潛勢是二氧化碳的 86 倍，反而會加快地球增溫速度！美國太空總署研究報告指出，天然氣在開採、運輸、燃燒過程洩漏的「甲烷」，已經成為全球暖化的主因，影響甚至比煤炭更大。

「淨零」需服膺科學而非政治，切莫因政治產業之弊害了淨零！

　　《無煙硝的革命─以核養綠公民運動紀實》便是記錄這群包含李敏老師等對核能發電及核安瞭若指掌之專家，一步一腳印為全民釋疑，用專業數據說服人民，核能是既安全且有助淨零的重要能源。人民也於 2018 公投元年，用選票明確廢除《電業法》「核能發電設備應於中華民國 114 年以前，全部停止運轉」條文，贊成「以核養綠」是解決氣候危機務實的做法！「以核養綠」是相對於 2003 年《環境基本法》更新、更具效力的直接民主決定。令人詫異，公投後蔡總統竟稱：「這個目標不變！」明目張膽

沒收人民 2018 年全民複決，殊不知核能已是一鳥在手，能抓耗子的好貓，地狹人稠的臺灣沒有拒絕的本錢！

以德國為例，2021 年 4 月德國聯邦憲法法院已判決認定，如果一個世代使其子孫後代承擔巨大的減排負擔，是對子孫生命及自由權的侵害，當時梅克爾政府旋即將 2040 年前碳排減少 88%，2045 年提前淨零之政策入法。固然我國因地位特殊，無法直接親炙多邊公約，但仍應主動擁抱世界，並受《聯合國氣候變化綱要公約》等國際間氣候絕對法（jus cogens）拘束，為解決氣候災難積極採取行動，第一步就是展延既有核電廠，並具體執行「以核養綠」。

臺灣自經濟起飛起，逐步累積強大外匯存底同時，我們也為地球製造了為數不少的「碳」麻煩。從臺灣製造（Made in Taiwan）再到臺灣接單、全球生產（Made by Taiwan），我們碳排「以鄰為壑」之部分不容小覷，特別是 90 年代兩岸重啟交流，而於大陸設廠之部分。因此，當淨零成了十萬火急的重中之重，能源政策及淨零路徑絕不該只是畫餅充飢！

以核養綠、提前達成 2050 淨零目標，靠志工努力更有賴全民支持，2024 全民為下一代做主！

臺灣正處在淨零的十字路口，總算《氣候變遷因應法》於 2022 年千呼萬喚始出來，但如此蒼白的立法我們到底要拿什麼淨零？不僅未將逐年減排目標訂入法律之中，亦未能尊重 2018 公投結果重新調整能源配置，將「以核養綠」作為核心政策，更甚者，連人民監督提起環境、氣候訴訟的救濟條款仍付之闕如，實乃法律人主政的最大諷刺。

蔡政府既然答應 2050 淨零，便須盡洪荒之力，倘寡信便是對不起世代子孫！淨零只許成功不許失敗！2024 全民該替下一代做主！

前環保署長魏國彥於 2021 年投書《冰雪之子焚燒地球》提到：「人類是冰雪孩子」但墓誌銘卻寫道：「我們愛地球，但是，地球容不下我們。」因此，我們都有償還「碳債」、避免債留子孫的責任，透過本書我們看到一群人面對多數暴力下，如何堅持科學理念與為下一代及全人類做對的事的信念，不畏艱難對抗綠色執政下政治掛帥的「非核神主牌」。筆者相信，當越多人了解核能及當前淨零困境，我們都將更理性地在非核及擁核之間做出正確決定。

淨零是對世代子孫的承諾，「以核養綠」是中華民國臺灣地區人民「直接民權」的決定，政府必須忠誠執法，否則當氣候災難到來之日，所有阻礙淨零的政客們都將是千古罪人！本書其實是未完待續，淨零的路上還有待你我共同努力，我們都可以是「以核養綠」的志工，在未來的每次選舉用選票敦促執政者恪遵淨零使命，畢竟我們只有一個地球。

作家、翻譯作家、時事評論員、直播主
朱學恒

【公無渡河，公竟渡河。墮河而死，將奈公何。】

唐·李賀【箜篌引】 前有語談箜篌引曰：一日《公無渡河》崔豹《古今注》曰："《箜篌引》者，朝鮮津卒霍里子高妻麗玉所作也。子高晨起刺船，有一白首狂夫，被髮提葫，亂流而渡，其妻隨而止之，不及，遂墮河而死。於是援箜篌而歌曰：「公無渡河，公竟渡河，墮河而死，將奈公何」聲甚悽愴，曲終亦投河而死。子高還，以語麗玉。麗玉傷之，乃引箜篌而寫其聲，聞者莫不墮淚飲泣。麗玉以其曲傳鄰女麗容，名曰《箜篌引》。"

民智未開的時候，科學很難跟迷信鬥爭，更別提獲得勝利了。但是，在我的國家，悲哀的是，即使到了二十一世紀，工程師掙扎著要讓國家走上正途，卻依舊無法對抗那些迷信的，那些短視近利，沒有科學素養的政客。沒錯，我講的就是林義雄和他的一干無知反核信眾。

是的，那個人現在躲到不見蛋，用情緒勒索，用絕食讓整個臺灣規劃好的科技進程倒退，讓整個臺灣的國家安全脆化成 LNG 船被封鎖十天就會缺電搖搖欲墜的第三世界國家。那個老頭的時代已經結束，但我們這個世代的悲劇才剛剛開始。

過度仰賴非基載電力的綠能，太陽能種電造成大量的弊案，一開開了八十八槍，各地的爭議抗爭不斷，黑道財團介入，風力發電國際廠商退出，發電比例少到可憐；更重要的是，因為電網必須承受時有時無的電力灌注，導致各地電網脆弱不堪，隨便幾隻飛禽走獸，就足以讓動輒幾千幾萬戶停電。

更別提史無前例的過年時，台電竟然宣布大家應該要拔掉插頭，因為電力不穩到必須升壓，會造成電器的損壞，不到半年前台電還跟事實查核中心狼狽為奸出來否認平日缺電時有所謂的降壓導致民眾電器損壞，結果半年之後台電就被迫承認電力需求降低時會有所謂的升壓？那之前說謊騙人的那些政府走狗呢？有人負起責任嗎？沒有。

在這個動亂的時代中，我們唯一堪慰的是，我們或許沒有辦法讓這個國家變得更好，但至少在這個國家走向衰敗的時候，我們沒有推了一把。是的，我們已經盡力了。科學或許現在勝不了迷信，勝不了政治，但那只是現在，只是這個時刻在這個國家的文明逆流而已。科學終將獲勝，也許不在我們這個世代，但也會在未來的世代，終有一天……

維基百科是這麼撰寫的，【1583 年，布魯諾到英國，批判經院哲學和神學，反對亞里斯多德、托勒密的地心說，宣傳哥白尼的日心說。1585 年去德國，宣傳進步的宇宙觀，反對宗教哲學，進一步引起羅馬宗教裁判所的恐懼和仇恨。1585 年布魯諾重返巴黎，並到歐洲各地出版著作。他又應威尼斯貴族 Giovanni Mocenigo 之邀，返回義大利當其私人教師。1592 年，他因招致 Mocenigo 的不滿，遭到告發進而被天主教宗教法庭控以「異端邪說」罪，在威尼斯被捕入獄。在被囚禁的八年中，布魯諾始終堅持自己的思想，最後被宗教裁判所判為「異端」於 1600 年 2 月 17 日在羅馬鮮花廣場被燒死。19 世紀末，布魯諾的彫像轟立於當年殉難的地方。是共濟會修建的。

進入近代以來後，義大利和希臘的科技一直落後於西歐。布魯諾葬生的鮮花廣場也有很多書攤。一位名叫恩里科・費米的小孩曾在這裡度過青少年時光，並在這裡買到了人生第一本物理學讀物。恩里克・費米在獲得諾貝爾獎後就離開了基礎科學落後的義大利，遠赴美國生活，並成為 20 世紀中期世界原子物理學的領袖之一。】

美籍暢銷書作家
時代雜誌票選的環保英雄
氣候政策專家、環境先鋒創辦人
麥克・謝倫伯格
Michael Shellenberger

臺灣為何需要核能

多年來臺灣很多的政治人物、記者和能源專家堅持臺灣可以完全依賴再生能源，例如太陽能板和風力發電機，不需要核能與石化燃料。這些人戮力關閉而不是啟用臺灣的核電廠。

現在可以明顯地看出來他們是錯的。在 2001 年到 2021 年這段時間，臺灣低碳能源的佔比由 23% 降到了 15%，即便再生能源的佔比從 3% 增加到了 5%。這是因為核能發電從 20% 降到了 10%。1985 年時，核能的佔比超過 50%。

在過去十年，光電板、風機與電池的價格都大幅下降。光電板可以放在屋頂，而它們多來自中國大陸。

但是光電板比起核能需要 175 倍的土地，而風機需要 400 倍的土地，然而臺灣的土地是稀缺的。雖然光電板可以放置在屋頂，大部分的人住在城市的公寓樓房裡，放置太陽能板的費用比放在土地上要貴 50% 到 100%。

若增加對中國大陸在能源上的依賴對臺灣是危險的，更何況臺灣目前就已經處於被中共侵略的危機當中。

　　那為什麼臺灣還有這麼多人反對核能？

　　主要的原因跟世界其他國家一樣，尤其是亞洲國家。在 2011 年日本福島事故後，人們對輻射感到緊張，即便在該事故中沒有造成任何人死亡或是罹癌。

　　社會上總是存在一些錯誤的訊息，它們多半由石化能源公司或再生能源公司策動，因為他們認為有核能存在就不會有石化燃料及再生能源的存在。他們便想要嚇唬民眾，有時候更是把核能與核彈混為一談！

　　尤為甚者，臺灣的政治人物會操縱大眾的情緒，讓認知很難妥協。在 2021 年 12 月的公投中，略多的票數否決了重啟核四電廠。

　　好消息是臺灣出現了一股來自民間草根的挺核運動，他們曾經締造過幾次勝利。未來當電價成長 30% 到 45% 時，他們將會獲得更多力量，並讓他們可以憑藉這股力量來拯救國家的核能電廠。

　　臺灣的挺核人士是我在世界各地見過最具有能量且令人深感啟發的。我深信他們終將勝利。但這需要大眾能改變他們的心意，並且能夠認知再生能源的諸多限制。

Why Taiwan Needs Nuclear

For years, many politicians, journalists, and energy experts in Taiwan have insisted that the country can rely solely on renewable forms of energy, such as solar panels and wind turbines, without need for nuclear or fossil fuels. These individuals have fought to shut down, and not start, the nation's nuclear plants.

It's now clear that they were wrong. From 2001 to 2021, the share of electricity in Taiwan from low-carbon sources declined from 23% to 15%, even though renewables rose from 3% to 5%, because of the decline of nuclear from 20% to 10%. In 1985, nuclear was over 50% of Taiwan's electricity.

It's true that solar panels, wind turbines, and batteries have grown much cheaper over the last decade. Solar panels can be put on rooftops. And they can all be imported from China.

But solar panels require 175 times more land and wind turbines require 400 more land than nuclear power in Taiwan, where land is precious. And while solar panels can be put on roofs, most people in the cities live in apartment buildings, and putting solar on homes is roughtly 50 to 100% more expensive than putting them in fields.

And relying on China any more for its energy would be dangerous for Taiwan, which is already at risk of being invaded by China.

Why, then, are so many people against nuclear power in Taiwan?

Most of the reasons are the same in Taiwan as they are everywhere else in the world, particularly in Asia. After the Fukushima accident in 2011, there was a kind of panic about radiation, even though not a single person died or got cancer from that accident.

There has been a concerted misinformation campaign, often led by fossil fuel and renewable energy competitors, who know that nuclear power means Taiwan doesn't need fossil fuels or renewables. These individuals have sought to scare people, sometimes by confusing nuclear power plants with nuclear weapons.

What's more, politicians in Taiwan have manipulated public emotions, making it difficult to achieve compromise. In December 2021, voters narrowly rejected a vote to re-start the plant.

The good news is that there is a grassroots pro-nuclear movement in Taiwan that has scored some impressive victories. And it will gain power as electricity prices rise by 30% to 45%. This will give pro-nuclear people another opportunity to save the nation's nuclear plants.

The Taiwanese pro-nuclear activists are some of the most powerful and inspiring pro-nuclear activists I have met anywhere in the world. I am confident they will eventually triumph.

But it may first require that people change their minds and come to recognize the severe limitations of renewables.

引

言

清華大學原子科學院院長

李敏

緣起～一個老教授的叛逆

年逾花甲，教了一輩子的書，也因緣際會地做過 14 年台電的董事。回首來時路，庸庸碌碌的一生，能夠作育英才與貢獻所學，也無愧於親師了！沒料到，到了快到退休的年紀，會與「叛逆」二字產生連結，還好叛逆之事不是臨老入花叢。

2018 年初，接任清華大學原子科學院院長與中華核能學會會長，對民進黨政府橫柴入灶地推動「非核家園」政策，深深不以為然，他們汙衊核能專業是小事，但錯誤的能源政策將讓臺灣的未來陷入泥沼是大事。一月與葉宗洸教授、核能界前輩、與關心國家能源政策的人討論後，決定推動擁核公投。一個沒有任何人看好，甚至可以說是天方夜譚與癡人說夢的公投案。也許是真的被反核團體「用愛發電」與「我是人，我反核」這兩句口號氣瘋了，沒有資源、沒有組織、沒有經費、沒有社運經驗的幾個秀才，衝冠一怒地開始造反。說得好聽是一步一腳印地往目標邁進，實際的狀況是騎驢看唱本，兵來將擋，水來土掩，走著瞧。

　　擁核公投取名「以核養綠」，目標為複決政府 2025 年達成「非核家園」的期程。公投成功的第一步，就是找來黃士修擔任公投領銜人，也請到以鯛民自稱的廖彥朋共襄盛舉，我們三人成為「以核養綠」公投的發起人。黃士修是「核能流言終結者」的創辦人，廖彥朋是「怕輻射，不如先補腦」的作者，兩位都是網路上的名人。英雄出少年，有他倆的帶頭，「核能流言終結者」成員的首先響應，全國各地志工主動的幫忙，「以核養綠」的風潮逐漸湧起，邁向成功之路。

　　2018 年 11 月 24 日九合一大選與全國性公投投票，「以核養綠」公投同意票 5,895,560 票，佔選舉人數的 29.84%，同意票佔總投票數的 59.49%，「以核養綠」公投過關了。近 60% 表示意見的人，贊成 2025 年以後臺灣要繼續使用核能，贊成使用核能的人，可以大聲地說，非核家園不是全民共識。一件看起來不可為之事，我們做到了。我們已經扭轉了普羅大眾對核能的看法，讓臺灣未來的能源政策可以有更多的選項與彈性。

　　「以核養綠」公投公民運動的成功，非一、二人之功。如果沒有來自四面八方的志工們參與及默默的付出，一個叛逆老教授的衝冠一怒，該只是一縷輕煙。

**　　謹以此文紀錄「以核養綠」與「核四商轉」公投的軌跡。**

核能發電起源

　　1942 年 12 月 2 日世界上第一座核子反應器在美國芝加哥大學運動場看台下的空間運轉，證明核分裂連鎖反應理論。這是人類能源使用與美國發展原子彈曼哈頓計畫的重要里程碑。隨後，美國興建了數個以生產鈽 -239 為目的的大型反應器；鈽 -239 與天然存在的鈾 -235 是可以維持核分裂連鎖反應的核種，也是製造原子彈的材料。二次世界大戰結束後，核能發展的重點，轉為如何利用核反應器核分裂反應產生的能量做為船舶的推進器或者用來發電。1951 年美國愛達荷州的實驗快中子滋生反應器 (EBR-I) 第一次產生 200 瓩電力。

　　1954 年 1 月世界第一艘核子潛艇鸚鵡螺號下水，船上使用的是壓水式反應器；1954 年 6 月石墨水冷式反應器在蘇聯 Obninsk 商轉，功率 0.5 萬瓩；1956 年 8 月使用氣冷式反應器的電廠在英國 Calder Hall 開始運轉，功率 4.9 萬瓩，1957 年 12 月使用壓水式反應器的 Shippingport 核能電廠在美國賓州達到臨界，功率 6 萬瓩。人類能源的使用進入了一個新紀元。

核能發電的爭議

　　核能發電燃料體積小、重量輕，運輸貯存方便。一部核能機組每次換燃料所需要的燃料約為 100 噸，可使用 18 個月。臺灣能源超過 99% 依賴進口，核能發電的使用可以提升能源供應的安全。

　　核電廠的高建廠成本，使得核能發電燃料鈾的採購成本占總發電成本比例低，故其發電成本穩定，核電廠一旦興建完成，其發電成本較不易受到國際能源價格波動的影響。

　　核能發電不靠燃燒產生能量，故發電時都不會排放二氧化碳。先不論國際上是不是已認定核能是綠能，甚至是不是同意核能是潔淨能源，在計算碳排放量時，核能發電的碳排量就是 0。增加核能發電比例，可以降低單位發電量的碳排，也會降低產品的碳足跡。

人類該不該使用核能發電是一個具爭議性的問題,反核人士的出發點是對輻射的恐懼,他們認為核電廠發生事故,反應器釋出的放射性物質威脅民眾的健康與生命,且汙染環境;核電廠營運會產生核廢料,尤其是用過核燃料含有長半衰期的核種,需要與生物圈隔絕極長的時間;發展核能發電有可能造成核武的擴散。民眾的疑慮在政客的蓄意操弄下,核電的使用由單純的技術問題發展成為複雜的政治議題,各國對於是否發展核電也有不同的取捨。

核能議題的政治化

　　反核是民進黨兩大神主牌之一,是民進黨奪取政權的工具,民進黨與所謂的環保團體沆瀣一氣,散佈不具科學證據的論述,利用民眾對輻射未知的恐懼,誇大核能電廠的風險,而部份國民黨的政客基於選票的考量,也盲從地拿香跟著拜。

　　臺灣自 1978~1985 年間陸續商轉六部核能機組。核四廠興建規劃於 1980 年提出,1981 年時決定以鹽寮為廠址,當時也曾進行主體設備的招標與決標作業。但因為第二次能源危機,造成用電的負成長,故政府決定延緩核四廠的興建。1984 年,臺灣的經濟狀況轉好,台電公司再度提出核四廠的興建計畫。然而,由於國內政治環境的轉變,反核人士與當時的反對黨即民主進步黨結合,反對核四廠的興建。民進黨甚至將「堅決反對新設核能發電廠」列入黨綱的行動綱領中。核四廠的興建成為當時的執政黨(國民黨)與反對黨間政治角力的重點;核四廠成為政治協商時可以被犧牲的籌碼。擁核與反核團體間無止境的爭議,也以核四廠的興建為攻防的重點。

　　1992 年 2 月,行政院終於通過核四廠的興建計畫;6 月,立法院解凍核四預算;1992 年 7 月終止 11 年的核四計畫再度復活。1996 年 5 月,核反應器及核燃料開標由美國奇異公司得標。1999 年 8 月 31 日開始澆置基礎混凝土。核四廠原預定於 2003 年 8 月 16 日開始裝填核燃料,2004 年 7 月 16 日開始商業運轉。

核四廠停建與復建

2000 年 3 月 18 日陳水扁當選總統。「停建核四」是陳水扁總統選舉期間重要的承諾。新任經濟部長林信義就任後籌組「核四計劃再評估委員會」重新評估核四計劃的可行性。10 月，林信義做出停建的建議，當時的行政院長唐飛請辭，由繼任的張俊雄宣布核四停建。司法院大法官於 2000 年 1 月 15 日公佈釋字 520 號解釋。釋憲文中並未明確指出行政院停建核四的決策違憲，但基於行政機關對立法機關負責的憲政架構，行政院在變更重大國家政策時，須向立法院報告。立法院於 1 月 31 日通過核四復工決議。

行政院與立法院於 2 月 14 日達成協議，行政院宣佈核四復工。但 2002 年立法院通過「環境基本法」，第 23 條政府應訂定計畫，逐步達成非核家園目標；並應加強核能安全管制、輻射防護、放射性物料管理及環境輻射偵測，確保民眾生活避免輻射危害。該條文確立了臺灣成為「非核家園」的終極目標。核四從 2000 年 10 月 27 日到 2001 年 2 月 15 日之 111 天的「暫緩施工」，對電廠的工期與興建經費造成極大的衝擊。

能源政策的改變與日本福島核電廠事故

2008 年國民黨重新贏回政權，6 月 5 日公布永續能源政策綱領，明確地宣示，為符合國際化減碳排的趨勢，核能為臺灣未來能源的重要選項。在安全無虞的前提下，核四廠完工商轉；核一、二、三廠延役；將核能視為低碳能源，2025 年臺灣電力系統中低碳能源的裝置容量占比為 18%，臺灣將興建 6 部核能機組。

2011 年 3 月 11 日日本福島電廠發生事故，此一事故完全顛覆了臺灣的核能政策！2011 年 11 月 3 日競選連任的馬英九宣布了最新的能源政策，在電力不虞匱乏、電價不上漲、以及不違反政府減碳承諾的前提下，政府將確保核能安全、營造綠能與低碳排放的社會、逐步淘汰核能發電達到「非核家園」的終極目標。具體作法為現有之三座

核電廠不延役、核四於 2016 年商轉、核一廠提前於 2016 年除役、擴大再生能源發電系統的建構。

2012 年馬英九連任，但核能政策受到反核團體與民進黨的挑戰。江宜樺於 2013 年 2 月接任行政院院長，月底拋出核四停建與否由公投決定的政策，媒體形容這是另一顆政治核彈！

核四廠封存

前民主進步黨主席林義雄長期投入反核運動。林義雄於 2014 年 4 月 22 日上午抵達臺灣長老教會義光教會，展開無限期禁食。在各方壓力之下，執政的馬英九政府與中國國民黨於 4 月 27 日做成「核四一號機不施工、只安檢，安檢後封存，不裝填燃料；核四二號機全部停工」、「行政院承諾儘速召開全國能源會議，以確保未來供電無虞」兩點共識。

4 月 30 日，林義雄發表公開信，表示「核四既已決定停工，只要不再復工，那麼『停建核四』已不是議題」，宣布停止禁食。一個長期要求要以全民公投決定核四存廢的臺灣民主聖人，在行政院決定用公投徵詢民意時，卻改採禁食方式（非絕食）脅迫政府要遵從他個人的意識型態，直接停建核四。由此可以明確地看出，核四的存廢只是政治人物鬥爭的工具。國民黨屈於黨內地方政治人物的壓力，放棄對政府重大建設應有的堅持，但仍然在 2014 年年底的地方選舉中大敗。

能源轉型政策

馬英九政府執政期間民進黨以立法權干預行政權，阻擾核電廠的運轉。2014 年 12 月 10 日，核一廠 1 號機進行歲修，12 月 28 日執行燃料棒填換作業時，發現其中一束燃料組件有把手鬆脫情形，之後立法院便不再同意，104 年 1 月 14 日完成歲修後一直無法重啟，提早進入長期停止運轉的狀態。

2016 年蔡英文當選總統。她在競選期間就宣稱，她的團隊可以保證，臺灣即使不用核能也不會有缺電的問題，電價也不會大幅上漲。新政府上任後第 5 天，經濟部即宣布新的能源政策，再生能源發電量占比 20%。2016 年 7 月行政院設定 2025 年達到非核目標，能源配比為燃氣 50%、燃煤 30%、再生能源 20%。立法院於 106 年 1 月 11 日通過電業法修正案，《電業法》第 95 條第 1 項，「核能發電設備應於中華民國一百十四年以前，全部停止運轉」。2025 年非核不僅是政策，更是法令。

沒有核能會缺電

事實上，臺灣不要核能也不缺電的妄想，早在 2016 年就已破功。核二廠 2 號機於 2016 年 5 月大修完成併聯發電時，發生主發電機保護電驛動作跳脫，政府不同意啟動。核二廠 1 號機 2016 年 11 月大修，燃料池爆滿，退出的用過燃料無法全部移到下池。台電提出「裝載池改裝」申請案，但原能會一直沒有核定。

兩部裝置容量達 200 萬瓩的機組無法運轉，讓台電公司供電系統備轉容量嚴重不足。台電網頁每天會公告當日及未來一週的備轉容量，當備轉容量高於 10% 是供電充裕的綠燈，低於 10% 是供電吃緊的黃燈，低於 6% 是供電警戒的橘燈，低於 90 萬瓩是限電警戒的紅燈，90 萬瓩是限電準備的黑燈。2015~2017 年，黃燈的天數為 158、160 與 208 天；2015~2017，橘燈的天數為 31、77、與 101 天；2015~2017 年甚至有 2~3 天的紅燈。

民進黨逼不得已，只能著手讓核二廠兩部機組上線。106 年 5 月核二廠 1 號機裝載池改裝完成，5 月 19 日原能會同意核二廠 1 號機護箱裝載池可啟用，核二廠 1 號機於 6 月啟動。核二廠 1 號機停機約 600 天後，2018 年 6 月重啟。這段期間，核能發電的發電量由 103 年的 423.9 億度，降低至 104 年的 364.7 億度、105 年的 316.6 億度、106 年的 224.4 億度，107 年回升至 276.8 億度，108 年 323.2 億度。2015 年 ~2017 年間核能發電的比例由 19% 降至 9%。

夜路走多了，總會碰到鬼的。2017 年 7 月 29 日，尼莎颱風造成和平電廠輸電電塔倒塌，電廠的電力無法外送，台電備轉容量頓失132 萬瓩，全台進入歷時兩週的限電危機，中央政府下令所有公務機關從 13 時到 15 時禁止開啟冷氣，並嚴格稽查室內空調溫度低於 26度的店家。2017 年 8 月 15 日 16 時 51 分，中油進行台電大潭發電廠的天然氣供應管線安全測試時，操作失誤導致供氣管隔離閥關閉，供氣終止，大潭發電廠 6 部機組全部跳停，瞬間喪失 438.4 萬瓩，系統緊急卸載避免崩潰，接著進行分區停電，23 時始恢復正常供電。本次停電造成全台停電及輪流停電 838 萬戶和 668 萬用電戶受停電影響。

擁核公投的發想

完全忽略專業意見的能源政策，臺灣的核能似乎已走上窮途末路，臺灣的電力系統也一步步地邁向泥沼。2017 年年底，核能學會理事長與清華大學原子科學院院長都任期屆滿，葉宗洸教授與我正好都是兩項職位的候選人，原科院院長一職的決定權在賀陳弘校長。我們私下討論，校長指定原科院院長後，就由校長指定的人爭取核能學會理事長一職，我們倆攜手為臺灣的能源政策，為臺灣的核能未來做些事情。

107 年 1 月 20 日下午，以核能學會理事長的名義在台北公館集思會議中心召開會議，邀請核能界資深人士，以及對臺灣能源政策關心的人討論推動核能公投的可能性。邀請清華大學通識中心翁曉玲教授介紹公投法，以及媒體人士陳鳳馨女士。會中大家對於臺灣核能現況交換看法，也都認為應該採取行動，公投確實是一個選項，但公投要成功，幾乎是不可能的事，近三十萬的連署書的蒐集，有人說平均來看一張連署的花費是 80 元，連署書的花費就是 2400 萬。公投贊成票4,939,237 張，看來都是高不可攀的天險。但是公投即使不成功，核能專業的人可以藉公辦的公投意見發表會，傳播正確的核能知識。

當天會議的結論是成立工作小組，推動核能公投，建議兩項公投命題：(1) 你贊成核四啟封續建嗎？(2) 政府規劃能源白皮書中，設定2025 年電力配比為天然氣 (50%)；煤 (30%)；再生能源 (20%)，你同

意嗎？或修正為針對 2025 年非核的命題。會後透過電子郵件的聯繫與溝通，基於公投法須是對法律與政策的創制與複決，為了目標能夠明確易懂，決定以廢除《電業法》第 95 條第一項為標的，用『以核養綠』為口號，公投的主旨是「您是否同意：為避免「非核家園」政策所導致之空氣污染與生態浩劫，應廢除《電業法》第 95 條第一項；以終止非核家園政策，重啟核電機組，進而保障人民享有不缺電、不限電、不斷電與低廉電價的自由？」

「以核養綠」的意涵

「以核養綠」是荒野協會講師黃其君先生首先提出的，2017 年核能學會年會時有用過這個口號。對我個人而言，「以核養綠」有兩個層面，一個是短中期的，另一個是長期的。氣候變遷是人類面對的最大議題，如何減少溫室效應氣體的排放是當務之急。溫室效應氣體的最大宗為二氧化碳，而二氧化碳排放的主要來源是化石能源的使用。

不會排放二氧化碳的再生能源發電，被認為是取代化石燃料發電的最佳選擇。但是再生能源發電設施的建構需要時間，需要龐大的經費。再生能源最大的缺點是無法調度，要充份地發揮功能，必須搭配儲能設施，而儲能設施除了抽蓄水力外，其他技術，包括化學電池、燃料電池、氫能等，都尚待進一步的發展。驟然將核能發電淘汰轉為排碳量較低的天然氣發電，或是再生能源發電，對某些國家或某些地區是不切實際的痴想，貿然執行，反而對人民的福祉帶來更多的傷害。

核能發電不會排放二氧化碳，可以做為基載電廠，經過小幅的更改運轉模式，即可以與不可調控的再生能源發電搭配。目前歐洲核能電廠已順利運轉多年經驗，若可以延長使用年限，可以產生大量的電力，同時亦可以減少營建新發電設施二氧化碳排放與所需要經費。「以核養綠」的意義為利用核能發電的持續使用或進一步發展，提供再生能源發電發展所需要的時間與資源。

再生能源發電是否是對人類，對地球最友善的發電方式，應該是個見仁見智的問題，尚待澄清。再生能源能量密度低，轉換為電力時，需要較大的設施，與核能發電相比，比較核能與再生能源單位發電量所需要的土地資源、需要的建構材料、產生的廢棄物、以及二氧化碳排放、甚至對民眾健康的影響，再生能源對於生態可能不是最友善的能源。我們要用核能來保護生態，降低人類能源的使用對生態綠的衝擊，我們要以核能養生態的綠。

展開「以核養綠」公投

公投題目決定後，進行第一階段的連署工作，很快地就收集到近 2,337 張的連署書，在蒐集連署書的過程中，工作小組成員們也在思考適當的「領銜人」人選。

大家有很多的建議，都是社會上響噹噹的人物，我們也確實上窮碧落下黃泉地多方面嘗試，有些人一笑置之，有些人很認真地跟我們分析時勢，在尋覓的過程中，一個人的身影慢慢浮現，所謂的驀然回首，那人卻在燈火闌珊處的黃士修先生！士修在公投前數年在網路上創設了核能流言終結者，頗能引起社會的共鳴，他邏輯清楚、政治敏感度夠、觀察力敏稅、文筆與口條能激勵人心，也有領袖的氣質。

士修也參加了第一次會議。在邀請士修前，我與工作小組的成員溝通，既然找了士修，大家放手讓他操盤，我們的責任就是擔任志工，協助連署。士修也承擔下這個責任，核能流言終結者這個社團法人與中華核能學會成了公投的主要推動單位。士修邀請了另一位網頁達人，另一個才華橫溢的年經人，以鯛民自稱的廖彥朋加入。

士修領銜的公投案於 3 月 29 日送入中選會，但中選會認為公投案主文內容牽連複決與創制，建議修正。為避免此項疑慮，我們於 4 月 2 日將提案主旨改為，為避免「非核家園」政策所導致之空氣污染與生態浩劫，應廢除《電業法》第 95 條第一項；透過解除非核家園時

程，確保重啟核電權利，保障人民享有不限電、不斷電、低廉電價與潔淨空氣的人權。基本上，與原先的沒有差距，因為我們認為我們的文字才能完整表達訴求。

　　4月17日中選會第505次委員會審議，於4月25日發佈5月8日舉行聽證會的公告。聽證會後，中選會委員還是認為我們修正後的主旨仍然有法律複決與政策創制的混淆，而且部份文字未具客觀與中立性，建議刪除。為了避免與中選會繼續纏鬥，會壓縮第二階段連署書收集的時間，6月1日我們再度修正提案主旨，完全依照中選會的建議，這樣的修正也埋下了讓無恥政府耍賴的空間。新主旨如下：「您是否同意：廢除《電業法》第95條第1項，廢除『核能發電設備應於中華民國一百十四年以前全部停止運轉』之條文？」

　　6月5日中選會第508次委員會決議函請戶政機關核對提案人名冊，6月20日戶政機關函報提案人名冊查對結果，6月21日黃士修接到通知，領取連署人名冊格式。偉大的連署工作正式展開，當時估計我們有3個月的時間蒐集30萬張的連署書，還要依中選會規定影印、造冊、裝訂完成。

二階段連署書的蒐集
　　社團法人核能流言終結者規劃推動連署，核能學會負責連署書的整理與造冊，所需經費各自負責，但如有需要可相互支援。我們至郵局訂了一個郵政信箱，連署書的郵寄費用由我們負擔，郵政信箱設在清華東門的一個小郵局，近50年前，我每月到那裡領我爸匯給我的生活費 (1973年每月800元)。郵局為了這個信箱忙得人仰馬翻，但也創下了三佰多萬元的業績。

　　連署工作在炎炎酷暑中展開，志工風吹日曬地在街頭、火車站、捷運站一張張地收集，也有人默默地在辦公室與親朋好友圈收集。我們沒有在連署書的收集上花任何的工讀金。剛開始的進展讓人焦慮，

每天站在系館門口，引頸盼望著去取郵件的志工歸來，但看到的是輕飄飄的郵件袋與志工落寞的眼神，內心也有莫名的急迫感。

志工們開始想出各種點子，吸引網民的目光。我在 63 歲生日的當天，得連皮吃香蕉慶生！核終策劃了幾個大型活動，週末時在全台的火車站收連署書，我南北奔波地鼓舞士氣。對臺灣能源狀況關心的重量級人士也都挽起袖子協助，一群一輩子沒上過街頭的人，都將披掛上陣的第一次獻給「以核養綠」。連署書的進帳直到 8 月中以後，才逐漸多了起來，最後幾天以指數上升。每天有上萬張進帳，但中選會頻頻在媒體放話，中選會將不再收件。

連署工作的推動

我相信在這本書中會有很多與連署有關的感人故事，以下談談我個人的經歷。連署開始後，有天早上我在臉書上看到王明鉅醫師支持核能的貼文。台大的醫師耶！立刻送訊息約時間拜訪，回訊很快。我當天中午就與王醫師在台大醫院一樓的 Brown Coffee 碰面，談話時間應該只有 10 餘分鐘。

我這個老頭子 (王醫師看到我的感覺) 的開場白，我們要推「以核養綠」公投的連署，他看著我說做不到，但我們一起來努力試試。王明鉅醫師的加入，有如百萬雄師，他的說服力與影響力遠遠超過我們這些核能專業人士。在連署的過程中，王醫師與我有頻繁的接觸，我安排陪他去參觀核四廠，我們應該是最後一批參觀核四的團體，我們參觀後，核四廠就不對外開放了。這趟行程的安排多虧了我一位在台電工作的同學，「苦」了他了。

8 月底的時候，我去板橋捷運站慰問志工，不預期地在那裡碰到兩個人，一個美眉，還有一位比我還老的老先生，站在大太陽下收取連署書。老先生是台北科技大學退休教授，專長是電力系統，他說總

算有人站出來說真話了，他得支持一下！美眉是清大的畢業生（舊識），她畢業那年，我曾受邀參加他們的畢業舞會，每個受邀的老師都要化妝，她將我打扮成史瑞克，她目前在金融界服務，她說看不下去銀行對綠電業者貸款的浮濫，而這貸款都是政府暗示要通過的。

　　同樣是 8 月底的時候，去頂溪捷運站探視侯漢廷與志工，現場碰到一對老夫婦搭計程車趕到連署點填連署書，說在電視新聞上看到我們在捷運站收連署書，坐計程車來的原因是怕我們離開，填妥後老夫婦倆步上歸途，要走路回去，走回家的原因是省錢。

連署書的整理與造冊

　　連署書的整理是在清華大學綠能館進行的，暑假時系館的教室與會議室使用率不高，可以暫用。有天清華大學賀陳弘校長（我是他就任後的主秘）問我，連署書在哪裡整理的？我笑笑說，你最好不要知道！會這麼回答是因為，我不能說謊騙他，但我也不能說實話！一個國立大學校長知道教授利用學校的場地策畫造反，總要表示意見吧！說同意，怪怪的；說不同意，是給我難堪。聽了我的回答，他心照不宣地點點頭，也沒再追問。查水錶，大家應該知道我指的是甚麼。教授不知節制地長期大放厥詞，反對政府政策，學校不管，政府有太多的地方可以給國立大學穿小鞋！感謝賀陳校長，過去 5 年未曾關切過葉教授與我的言論，他捍衛了清華大學尊重與維護言論自由的傳統。

二階段連署書送件

　　接近 8 月底時，每日收到的連署書越來越多，整理的人力需求也越來越多，我還發出召集令，要我指導過的碩士生在週末返校支援！時序進入 9 月，我們認為法定二階段連署書送件的截止日是 9 月 13 日。但中選會不斷在媒體上放話，說中選會考慮作業時間，將不再接受二階段連署書的收件！去電詢問也沒有明確的答案。

我們決定在 9 月 6 日送件，前一天晚上，數十名志工挑燈夜戰直到凌晨，當天有不少的人送宵夜與早點。快天亮時，一位清華校友開車送來燒餅油條、蛋餅與熱騰騰的豆漿。9 月 6 日我們總共送出了 314,484 份連署書，高於門檻所需的 281,745 份，若扣除戶政機關審查不合格部份，還是有可能無法達標。我們有 10.4% 的餘裕，夠嗎？我們還不能停下來，送件後，志工們繼續整理分類連署書。

士修的絕食抗爭

不多日，領銜人黃士修得到內幕消息，中選會將以較嚴苛的態度檢驗連署書，讓連署書數目無法達標。9 月 13 日黃士修將約 23,000 份連署書送往中選會，中選會以於法無據拒收，但士修認為法令沒有「只有送收一次」的條文，我們並非「補件」而是「再送件」。

黃士修自 9 月 13 日下午起，在中選會前靜坐絕食到該會收件為止。9 月 18 日士修委託泰鼎法律事務所葉慶元律師，針對「以核養綠」公投 9 月 13 日第二次送件遭中選會無理由拒絕事件，向台北高等行政法院提出假處分申請，請求中選會受理連署書，並併入 9 月 6 日送件之連署書，北高行定於 9 月 29 日上午 9 時開庭。19 日黃士修血壓心跳不正常飆高送醫，廖彥朋與新黨台北市議員參選人侯漢廷接力絕食靜坐抗議。

26 日上午侯漢廷體力不支送醫。黃士修依行政訴訟第 298 條第二項聲請暫時狀態處分，要求中選會應受理再次提出之補充連署書，併入「以核養綠」公投案處理一案開庭，法官庭未諭知核辦，將由合議庭審酌後做成准駁裁定。絕食抗議活動停止，當晚將擺在中選會門口的連署書攜回清華，靜待法院對假處分的裁示。士修、彥朋與漢廷三個年輕人的絕食，政府各單位置之不理，到了不聞不問的程度，讓人寒心。

10 月 12 日中選會公佈「以核養綠」公投連署書查對結果，全部不合格份數共有 35,065 份，不合格率 11.15%。證實了黃士修的內幕消息。這也是 107 年進入第二階段 10 件公投案中，唯一連署沒過門檻的公投案。我與士修發函中選會，要求出席中選會 16 日的審查會議，被拒。107 年 10 月 16 日下午，我與黃士修仍在中選會徐州路辦公大樓外等候，希望能進入委員會會議現場提出訴求，但是沒有被接受。當時的感覺就是「以核養綠」公投到此告一段落了。

峰迴路轉

10 月 17 日一早有課，下課後準備寫篇文章，跟志工們報告此事。回到辦公室，上網看到了好消息。台北高等行政法院 107 年 10 月 17 日新聞稿指出，「公民投票是一項嚴謹社會活動，規範期待是『以通過為原則，不通過為例』無需引發不必要之訟爭，現實上卻衍生本項爭議，所形成額外社會成本（不限於金錢）之支出與損耗，都將成為難以回復之損害。」台北高等行政法院強調，中選會「應受理補充之連署書，並併入以核養綠公投案處理」。裁定日期是 107 年 10 月 15 日，合議庭成員審判長畢乃俊、法官許麗華、法官陳心弘。三位法官判黃士修勝訴。三位法官的正義之聲，讓「以核養綠」公投起死回生。

看到新聞後，立刻安排車輛將手邊的 23,000 張連署書再送中選會。一番折騰後，中選會收件，當場看到有些地方政府戶政單位將連署書載回審查。10 月 23 日中選會發佈新聞稿指出，至 10 月 23 日中午為止，符合規定之連署人數達 292,654 人已達門檻，故宣告「以核養綠」公投成案，成為全國性公民投票案的第 16 案。此時距離公投投票日只剩下一個月的時間。

錢那裡來的

推動公投是要花錢的，花很多錢！錢從那裡來，核終與核能學會各自募款，各自使用，但可相互支援。核能學會經理監事們同意，設立專門帳戶，授權理事長專款專用，所有收入與支出依社團法人相關

法令處理。核能學會沒有專門為公投進行會員或群眾募款，是由推動公投核心的人，依自己的人脈募款。

　　一位曾在核工系教書的老學長，離開教職後創業有成，目前主要產品為生質柴油，核工系前幾屆的學長都被他教過，一位一起籌劃公投的學長拜訪他，他一出手 3 百萬元！我參加一個清華校友的活動，遇到一位中文系畢業的女校友，見面交給我一個信封，10 萬元！簡單一句話，「相信你們需要錢，拿著用」。在公投投票前最後幾天，我們想在電子媒體買廣告時間，約需 80 萬元，我在一個清華校友 Line 群組刊出需求，不到兩天，80 萬元到位。我們也收到一些民眾自動自發的捐款，核能學會「以核養綠」公投總共募集到 360 萬元。

投票前的努力

　　公投是全國性的投票，一群沒有嚴謹組職，也沒有資源的「烏合之眾」，該如何打這場選戰！志工們設計了多款的海報及卡片，在街頭發送，繼續用大聲公在人多的地方聲嘶力竭地宣揚我們的理念，希望民眾能夠相信科學，不被反核的論述誘拐，大家投入的時間與精力不亞於連署階段。主要的成員把握每個機會上電子媒體論述。這段期間臺灣社會還有自由論述的氛圍；但兩年後「核四商轉」公投時，社會上充滿了肅殺之氣，好個民主進步黨，在他們的執政下，臺灣的民主真的進步了嗎？

　　為了有機會將核能做一個完整的介紹，能夠全面的說明大家關心的議題，葉教授和我討論，認為需要一個帶狀的直播節目，述說我們的理念，想邀請陳鳳馨女士替我們主持訪談，錄影後放在網路上。約鳳馨討論，一切很順利，節目定為「能源大小事，鳳馨幫你問明白」，共錄製 15 集。最後我和葉老師很靦腆地提到主持費，我們準備支付酬勞的數字尚未說出口，她笑笑地說免費。感人啊！這 15 集的節目還在核能學會的網頁上，大家可以看看，可以發現我們對於能源政策的認知，以及非核家園政策對電力供需的衝擊，目前正在一一兌現。

勝利的到來

11月24日九合一大選投票日,也是公投的投票日,結果出來了,公投第16案「以核養綠」公投同意票5,895,560票,佔選舉人數的29.84%,同意票佔總投票數的59.49%,投票總人數佔選舉人數的54.83%,「以核養綠」公投過關了,同意與不同意票的比例為59.45%:40.51%,近60%表示意見的人,贊成2025年以後臺灣要繼續使用核能,持續使用是臺灣多數人的共識。從那天開始,贊成使用核能的人,可以大聲地說,非核家園不是全民共識。一件看起來不可為之事,我們做到了。

政府對「以核養綠」公投通過的回應

媒體報導,當時的行政院發言人Kolas Yotaka在11月25日表示,該案公告通告後,《電業法》95條之1將在3天後自動失效,行政院願意請經濟部與台電重新審慎評估政策,不過推動再生能源占比20%,2025年非核家園的目標不會改變。好個民主進步黨,公投是假的!玩法,完全忽略公投真正的意涵。

第一版的「以核養綠」公投主旨,就很明確地說,廢除《電業法》第95條第一項的目的是「……以終止非核家園政策,重啟核電機組,進而保障人民享有不缺電、不限電、不斷電與低廉電價的自由?」,依照這個主旨,民進黨「耍無賴」的空間要小一些!但中選會濫權,說我們的主旨有誤導民眾的嫌疑,要求我們修改為目前的主旨,不修改就駁回。我們確實有討論過,目前的主旨會給民進黨操作的空間,但考慮二階段連署需要時間,我們只能修改!民進黨還真的如此厚顏無恥。

當時的行政院長賴清德27日針對「以核養綠」公投通過表示,如果要以空污作業標準,「最好的能源,就是核電啊!」該公投的結果政府必須尊重。

論述引起全國廢核行動抗議，在民進黨基本教義派的堅持下，2025 年非核家園的政策並未鬆動。

有人認為「以核養綠」公投一事無成，完全沒有改變政府的能源政策，但我不認為如此，「以核養綠」公投的成功，證明了非核家園不但不是全民的共識，贊成與反對的民意幾乎是 6 與 4 之比，從此反核團體不得不承認與面對反核民意是少數的事實。

擁核公投二部曲

對於政府的不作為，我們提出三個全國性公投案，分別是「核四商轉」、「核電廠的延役」以及「核能減煤」，三案的主旨分別為「您是否同意：核四啟封商轉發電？」(領銜人為黃士修)；「您是否同意：在核能安全管制機關審查通過後，政府應將現有核能電廠使用執照延長 20 年？」(領銜人為李敏)；「您是否同意：立法院應制訂包含究責機制之核能減煤專法，使 2030 年以前達成核能發電比例，不得低於燃煤發電？」(領銜人為廖彥朋)。

三個案子，都完成第一階段的連署，除了「核四商轉」案，其他二案都召開公聽會，然後以莫須有的理由駁回，我們也有向台北高等行政法院提出行政訴訟，但這次沒有碰到有格的法官，兩案均判敗訴。過程中，我第一次在法官面前論述事情，也聽到中選會律師的答辯，那樣的口條與邏輯的人，居然能當律師，可難為他了！法官最後的裁示，讓我相信說臺灣是個法治國家，簡直是笑話。

「核四商轉」案，由於 2018 年時，宋雲飛先生曾經提過，也進入二階的連署，若與「以核養綠」兩案同時進行二階段連署，有可能相互干擾，我與宋先生長談後，他停止連署。我們一階段提案時的主旨與宋先生的提案一字不變，中選會接到提案時，實在掰不出開公聽會的理由，照案通過進入二階段連署。在此要向宋先生表達謝忱，2018年他以成功不必在我的胸襟，停止他提案的連署，還大力協助「以核養綠」公投的連署，也要謝謝他可以讓我們抄襲他的公投案主旨。後來，監察院認為，中選會未召開「核四商轉」公投案公聽會是瀆職，要進行調查。

關回鳥籠的公投法

民進黨在 2018 年選舉中大敗，認為是受到公投案的影響。同時認為全國性公投與選舉同時舉行，公投案容易達到門檻造成施政的困擾，所以決定將人民公投的權力再度關回籠子裡。2019 年再度修改公投法，全國性公投與選舉脫勾，每二年投票一次，所以 2020 年總統大選時，不會有公投。此項修法，確實增加了公投案通過的難度，甚至可以說，在臺灣公投案的通過已經是天方夜譚。

「核四商轉」功敗垂成

「核四商轉」公投連署書的收集是另一次的夢魘。我們於 2019 年4 月 9 日展開連署，志工們搶搭「韓流」的順風車，幾乎在每個韓國瑜選總統的場子，都會看到擁核志工的身影。這次連署書的蒐集遠較前次來的辛苦，民眾普遍的認為公投無用，經驗告訴大家，即使公投案能夠通過，政府還是可以用玩法的心態，我行我素，你奈我何。在此也發個牢騷，國民黨在連署上永遠是袖手旁觀。

連署書的整理仍是由核能學會負責，但是由於連署時間較長，感覺上負荷比較小。兩度連署書的整理，主其事的人是核能學會的秘書長曾永信博士與行政秘書蔡寧真小姐，只因答應我協助核能學會的運作，上了賊船，兩人都是無酬協助此事。

10 月 9 日送件，份數為 374,943，比「以核養綠」公投案多，這次士修不必絕食抗爭了。中選會於 12 月 13 日審查通過，2018 年的全國性公投案共有 10 個，擁核的提案是最後一個通過的，2021 年公投有 4 個，擁核的提案是第一個通過的，後來的三案是反萊豬、護藻礁案、與公投綁大選。公投案原訂於 2021 年 8 月 28 日投票，但由於疫情的關係延到 12 月 18 日投票。

這次的公投被兩黨操弄成政黨對決，窩囊無能的國民黨，再次被民進黨玩弄於掌心，4 個公投案均未通過。公投前，我與葉宗洸教授透過不同的管道求見朱立倫，都石沉大海。

「核四商轉」案，總投票人數 8,145,700 人，贊成票 3,804,689，反對票 4,262,517，由縣市來看，12 個縣市贊成票大於反對票，10 個縣市贊成票低於反對票。贊成與反對票的比例為 47:53，與其他 3 個公投案的結果並無太大的差異，完全不同的議題，民眾贊同與否卻相當一致。只能說這裡沒有是非。想來有幾分悲哀，民眾的冷感、媒體被執政黨把持、政府公開造謠、事務官被要求做出違背專業的論述、社會上充滿了肅殺之氣可以說是 2021 年公投的剪影。

「核四 何事」

「核四商轉」公投投票日週六晚上，清華生科院李家維教授打電話給我，邀請我這個當下「全國最需要溫暖的人」週日中午到他苗栗南庄的「玻璃屋」餐聚。餐後，書法名家孫大川先生 (前原民會主委，前監察院副院長) 當眾揮毫，賜橫軸一幅「核四 何事 2021 公投後史筆一揮」，凡走過必留下痕跡，核四我們努力過了，無愧於心。

臺灣的反核運動至今也有近二十年的歷史，雙方爭執的重點即為核四的興建與否。反核與擁核的人長時間的辯論並未形成共識，反而使得認知更加兩極化。核四興建案成為執政黨與在野黨角力的重點，核四已不是一項單純的電力開發案，或是一項公共設施的興建案；核四已經成為一個圖騰，代表政黨的興衰與榮辱。對某些人而言核四的興建代表著失敗與一輩子的恥辱。

核四經歷了許多風風雨雨，但是到底是興建完成了，距離發電只有一步之遙，我們真的要再花一筆錢將之拆除嗎？一個核電廠可以使用60年、80年，「核四商轉」公投的推動是為了臺灣長期的能源供應，與因應國際減碳排的壓力。

依照民進黨政府的能源政策，臺灣將來電力來源將依靠天然氣與再生能源發電，前者需要興建大量的液態天然氣進口設施，可以預見會有強大的民眾抗爭與環保團體嚴峻的考驗，如果興建期程有所延誤，民進黨政府是否願意由中國建天然氣輸送管路到臺灣？後者需要大量的資金、大範圍的土地、與尚待建立的海事工程能力；如果這些困難無法順利克服，臺灣的電要從那裡來！

核能的使用是國家能源政策重要的一環，能源政策關係到國家安全，關係到經濟發展；核四已經花了 3,000 億，且在未來供電與減碳中，扮演關鍵的角色，是否要因一個人的主觀認知就放棄！這不是「要錢」或「要命」的選擇，是能不能夠發展與生存的問題！在經濟窒息過程中，受害最大的將是廣大的中產階級與弱勢族群。

臺灣獨特的政治生態與不健全的憲政體制，政治人物面對群眾時不敢說真話，只會講民眾喜歡聽的話，亂開選舉支票。使得核四興建與否的決策搖擺不定，成為國際的笑柄。這種不尊重法律與國際商業慣例的行為，已嚴重影響臺灣的商譽，也傷害了投資者對臺灣未來的信心。

結語

　　在全體志工的共同努力下，「以核養綠」公投獲得民眾的認同，得票跨過公投門檻，同意票數是 5,895,560，是不同意票的 1.47 倍。《電業法》第 95 條第 1 項於公投結果公告後 3 天失效。民意告訴政府，人民期待 2025 年以後都可以使用核能，不計代價的非核家園不是全民共識。持續使用核能是國際趨勢，「以核養綠」公投是世界第一個通過的擁核公投，我們攜手共創這項歷史紀錄。

　　沒有資源、沒有組職、沒有經費，憑著一份理想與熱誠，我們展開了「以核養綠」公投的推動。一路行來，雖然得不到企業的認同與贊助，但仍然有人願意捐款相助，讓推動公投的花費可以不虞匱乏；許多的核能界前輩與年輕志工們在街頭收集連署書，及時地達到二階段的門檻，雖然中選會蓄意刁難，逼著黃士修與廖彥朋絕食抗議，他們的絕食，讓我們認清了執政黨冷血的本質。感謝台北最高行政法院的三位法官，適時地做出裁示，押著中選會於最後期限前讓「以核養綠」公投成案，與我們共同創造了奇蹟。

　　我們的努力終於讓全國民眾有機會對國家的能源政策表達意見。這裡感謝陳鳳馨女士，無償主持「能源大小事」直播，讓更多的民眾了解我們的理念。在接觸群眾的過程中，我深切地感覺到群眾認同我們的理念。成功絕非偶然，是大家共同努力的成果，榮耀屬於所有的夥伴。

「以核養綠」的成功也許有些喜出望外，「核四商轉」公投的功敗垂成卻是意料之中。以目前的局勢看來，臺灣的核能真的有可能在 2025 暫時畫上休止符，但即使發生，也是暫時的。地球氣候變遷日趨嚴重，俄烏戰爭也提醒世人天然氣供應與價格的風險，對某些國家與地區而言，至少在儲能技術沒有劃時代的突破前，再生能源是無法承擔經濟發展重擔的，核能的復甦是必然之路，也是指日可待的。歐盟已經同意核能是潔淨能源，鼓勵興建核能電廠降低溫室效應氣體的排放。新型的小型模組化反應器將逐步地邁上電源供應的舞台。

臺灣政府的能源政策轉型已經注定失敗，再生能源的發展遠遠低於預期，天然氣接收站的進度遠遠地落後，2021 年 513 與 517，及 2022 年 303 大範圍停電也預告了未來數年臺灣電力的不足。2023 年 3 月核二廠二號機停止運轉後，痛苦的日子才真正到來。2022 年 6 月用電大戶電價調升 15% 是另一個政府能源政策錯誤的警訊。民間企業已經開始呼籲政府重視核能。三座核能電廠的延長使用年限是可能的選項，仍然完好封存的核四當然可以解封商轉，另一條路是民間投資興建小型模組化反應器。2018 年「以核養綠」公投的成功，已經為臺灣核能復甦埋下第一塊基石，公投結果證明 60% 的民眾支持核能發電。

最後，謝謝大家與我一起叛逆。

國立清華大學工程與系統科學系教授
葉宗洸

無愧走過兩次核能公投

楔子

　　立法院在 2017 年 12 月 12 日通過修正《公民投票法》部分條文，公投提案門檻從總統、副總統選舉人總數 5/1000 的極高門檻，調降至合理可行的 1/10000，連署門檻也從 5%降低為 1.5%，新修訂的公投法讓全民公投終於有了實現的可能性。不過，原訂一併實施的電子連署項目因中選會作業不及，仍無法執行。影響所及，不論是提案階段或是連署階段，提案方都必須取得符合規定數量的「提案同意書」及「連署書」，方可向中選會遞件分別申請立案及成案審查，增加各階段的作業難度，尤其是數量將近 30 萬份的第二階段連署書取得。

前言

　　修訂後的公投法通過沒多久，李敏老師與我在一次閒聊中，談到政府一再公開宣稱「非核已是全民共識」、「2025 年必定如期走向非核家園」，對於一般民眾的影響不小，而所謂的全民共識我們都不以為然。此前數年，我們不斷以媒體投書及科普演講方式，宣導核能是臺灣重要的自主性能源，不能輕言放棄；此外，透過核能學會取得電影《潘朵拉的承諾》的在台播映權後，我們安排了連續兩年全台走透

透的電影放映及導讀。在無數次與自願到場及非自願（例如修課學生）到場觀眾互動的過程中，我們多位導讀老師都明顯感受支持核能的比例是高於反核比例的。

那一場閒聊的結論很簡單，我們決定在 2018 年 1 月邀集志同道合的朋友，一起共商公投提案事宜，公投的目標是將《電業法》第 95 條第 1 項「核能發電設備，應於中華民國 114 年以前，全部停止運轉」的條文廢除。之所以提出此案，主因是《電業法》中的該項條文明確訂出核電在臺灣的終結年限，若不先將其廢除，不論是既有核電機組延役或是核四重啟都將因牴觸此法，而無法實現。

1 月中的公投意見交流會來了不少舊識、先進與年輕朋友，其中最令我意外的是，知名媒體人陳鳳馨小姐也應邀來到會場，一起參與討論。坦白說，會中的討論雖然熱絡，但與會人員都一致認為這將是一項非常艱鉅的任務。大伙不是擔心公投案成立後，在全國性投票時贊成票會遠遠落後於 4,939,267 的通過門檻；而是憂慮 281,745 份以上的紙本「連署書」到底要如何收集並達標，會不會通過第一階段高於 1,879 份的「提案同意書」收集後，最終因連署書不足而無法成案？意見交流會的結論基本上就是「盡人事、聽天命」，先不管同意書或是連署書能不能順利收集達標，不走一遭就永遠不知道當時政府口中的「非核已是全民共識」，是不是徹頭徹尾的唬爛。

以核養綠公投

2018 年 3 月發生了很多事，3 月 2 日李敏老師、士修、彥朋確定擔任公投案的共同發起人，也擬定了公投主文，並號召志工加入推廣活動，大家便立即開始進行提案同意書的收集。25 天後的 3 月 27 日同意書數量順利達標，29 日上午 10 點我們召開記者會宣布收集到 2,337 份的同意書，並在同一個上午 11 點將同意書及公投主文送交中選會。中選會於 4 月 17 日告知我們的公投主文有疑議，必須召開聽證會。5 月 8 日的聽證會結束後，中選會於 5 月 24 日來函告知公投主文必須修訂，否則將無法進入下一階段的連署書收集。迫於無奈，我們將主文從原來的「您是否同意：為避免非核家園所導致之空氣污染與生態浩劫，應廢除《電業法》第 95 條第 1 項；以終止非核家園政策，重啟核電機組，進而保障

人民享有不缺電、不限電、不斷電與低廉電價的自由？」修訂為「您是否同意：廢除《電業法》第 95 條第 1 項，即廢除『核能發電設備應於中華民國一百十四年以前全部停止運轉』之條文？」，並將補正之公投主文於 6 月 6 日送交中選會。

　　6 月底我們取得中選會發出的「以核養綠」連署書電子檔，隨即開始第二階段的書面連署書收集。這個時期的推廣工作包括增加媒體曝光度、自拍「大啖帶皮香蕉」接棒活動、行動式街頭開講並收集簽名連署書、國外友人來台聲援、邀請知名人士公開支持、志工於人潮密集處所長期駐點宣傳，8 月 25 日並舉辦全台車站大串聯活動。連署書的收集一開始並不如預期，我們有 9 月上旬必須達標的壓力，可是 8 月中我接受記者採訪時的數量僅 8 萬份左右，記者小心翼翼地問我是否有信心達標，我咬牙說道：「沒問題的，我們有信心！」10 天之後，連署書衝上 15 萬份，勉強跨越目標值的一半，還是令人憂心。不過，全台車站大串聯的推廣成效開始展現，8 月 25 日之後，辦公室每天的收件數都超過 2 萬份，這其中還包含數以千計的支持鼓勵信件與小紙條。

　　就在 9 月初，連署書數量突破 30 萬份，我們在 9 月 6 日整理出314,135 份連署書並送交中選會。由於擔心小部分連署書可能因資料不齊全或重複連署遭到剔除，我們又於 9 月 13 日二次遞送後來陸續寄達的連署書共 24,000 多份。然而，中選會不同意我們的二次遞件，認為這是補件且不合規定，但我們主張，既然中選會明訂的收件截止日尚未到期，我方當然可以行使分批送件權利。公投領銜人士修當場決定絕食抗議，並將中選會告上行政法院。行政法院後來做出二次送件合法的裁示，中選會也於 10 月 23 日公布有效連署書數量超過 29 萬份，「以核養綠」公投案成立，成為第 16 案，得於 11 月 24 日與地方大選合併舉行投票。

　　此時，距離投票日僅剩一個月的時間，11 月 24 日要挑戰的是 494萬的民眾同意票，規模遠遠大於連署書的數量。為了讓更多民眾了解「以核養綠」的訴求，除了中選會排定的電視說明會，我們安排了更多場次的宣講，並延續第二階段的駐點與街頭傳播。特別值得一提的是，透過媒體人陳鳳馨小姐的義務協助，我們製作了 15 集的《能源大小事鳳馨幫你問明白》直播特輯，針對能源、經濟與環境等議題，邀請學有專精的專家現場解析，也邀請志工針對宣導時碰到的各種情況現身說法。就

在投票前兩天，網路上突然出現「公投第 16 案的主文被修改，必須改投不同意才是支持『以核養綠』」的假消息，部分媒體記者得知後來電詢問，得知真相後都對反對方的惡劣作法感到不齒，紛紛幫忙進行澄清謠言的即時報導。

投票結果於 24 日晚間出爐，本案的同意票高達 5,895,560 票，超越同意門檻近 1 百萬票，近 6 成民意支持「以核養綠」的做法，公投案正式通過。這樣的結果引起全球的注意，當時的國際新聞與核能專業網站均有報導。遺憾的是，我們成功搬了台階給反核的政府下，但執政者毫不領情，只依規定刪除了《電業法》第 95 條第 1 項的條文，仍執意讓核電機組在 2025 年除役，完全無視續用核電的廣大民意，也不願面對臺灣缺電的現實，令人扼腕。不過，透過公投，我們讓民眾知道，「非核已是全民共識」是毫無根據的謊言，政府從此再也不敢重彈老調。

韓國友人首爾國立大學的朱漢奎教授，也在反核總統文在寅上台後，積極從事核電宣導工作，一方面讓民眾更加了解核電對於韓國的重要性，另一方面則希望扭轉政府的非核政策。他在臺灣的公投投票日全程緊盯開票結果，得知「以核養綠」案通過後，他立即表達祝賀之意，並希望我能到韓國分享我們推動公投的過程與作法。2019 年的 1 月 12 日我動身前往首爾，13 日在朱教授的安排下，參加了一場韓國核能學會舉辦的論壇，席間我將「以核養綠」公投的整個過程鉅細靡遺地分享，演講結束後也接受在場媒體的各種提問；次日，朱教授又安排我到國會山莊拜訪支持核能的 10 多位議員，並再次分享推動公投的經驗。「以核養綠」的公投結果無法讓我們的政府改弦更張，但對於韓國的專業人員與一般民眾是一種鼓舞。

核四重啟公投

走過「以核養綠」公投，不論是第幾線的工作人員或無給職志工都累了，針對紛擾多年的核四，還要再提一次公投，不少人都先表達敬謝不敏，更有人拋出公投無用說。特別是當今政府在 2018 年的公投幾近全輸後，於 2019 年 6 月刻意修改公投法，不僅公投改成兩年辦一次，只能在暑假舉行，還必須與大選脫鉤，更讓民眾有公投又被關回鳥籠的感覺。也許，日後都不會再有任何公投通過了。

「公投是傻子才會做的事嗎？」，我這樣問自己，而答案很快就浮現了。會不會成為他人眼中的傻子，我不在乎，但就覺得不甘心。政府在「以核養綠」公投通過後，刪除了《電業法》相關條文，既然有寫就必須照做，我們決定在 2019 年續推一次主文明確且無法迴避的「核四重啟」及「既有電廠延役」兩項公投，由士修與李敏老師分別擔任領銜人。

　　同樣的程序再走一次。收集了足夠的提案同意書後，我們將兩案於 2019 年 3 月 4 日提送中選會進行主文審查。其中，「核四重啟」公投提案直接獲得通過，原因是前一年已經有相同提案通過審查；「既有電廠延役」提案就沒有那麼幸運了，中選會認定主文內容尚待進一步釐清，因此提案方必須前往中選會親自說明，即便經過詳細說明並據理力爭，後來的中選會委員會仍裁定此案不通過。事實上，我們在聽證會中甚至已清楚表明可接受主文修正，但請中選會直接告知主文需如何修正，但中選會似乎心意已決，壓根不想讓此案通過，即使中選會邀請的 4 位代表中，有 3 位在聽證會發言支持本案成立，既有電廠延役提案最終仍未獲通過。

　　「核四重啟」案進入第二階段的連署書收集後，志工成員有了小幅度的改變，但大伙熱情不減，依舊駐點人潮眾多區域，努力推廣連署書的簽署。10 月 9 日我們將 375,417 份的連署書遞交給中選會，兩個月後的 12 月 13 日中選會通過「您是否同意核四啟封商轉發電？」公投案成立，並成為編號第 17 案的全國性公民投票案。然而，依據新修正的公投法規定，投票日期為 2021 年的 8 月 28 日，也就是必須再等一年半以上才進行投票，期間遇上新冠肺炎疫情，公投日期被展延至 2021 年 12 月 18 日。

　　與前一次公投不同的是，2021 年 5 月發生兩次全台大停電，民眾對於政府的能源政策愈來愈沒有信心，媒體也愈發關注核四議題，「核四重啟」公投案曝光度因此較 2018 年的「以核養綠」公投高出許多，引發執政的府、院、黨憂心。蔡總統決定全力動員打壓當時同步舉辦的四個公投案，並以所謂的「四個不同意、臺灣更有力」作為宣傳主軸。12 月 18 日公投結果出爐，全台投票率只有 41.09%，未達法定的 50% 門檻，四個公投案因此全數未過關。其中，核四案的同意票為

3,804,689 票，占投票數的 47.16%，低於反對票的 52.84%。四個公投案在政府強力操作下均未通過，意味著兩年內不得再提相同議題的公投案。那麼，兩年後呢？不知道其他人怎麼想，我「現在」的答案非常明確，就是：「不會再提！」。

兩次能源公投，夠了

我們這一群長期關注臺灣能源發展的朋友中，大概找不到想要再推另一次公投的人了。目前大伙的共識就是，政府現行的能源政策確定不可行，問題爆發的時間愈來愈近，限電已經迫在眉睫。最近接受多家國內、外媒體採訪，記者紛紛提到俄烏戰爭衝擊與 2050 淨零影響，核能在全球已出現復興之勢，特別是歐盟已將核能列入綠能選項，亞洲的韓國也決定重返核能，臺灣有可能放棄非核家園嗎？執政者何時會轉彎？個人的看法是蔡總統一心死守的競選承諾，不可能輕易放手，絕對是「不到黃河心不死」。那麼蔡總統心中的「黃河」是什麼？還很遠嗎？

我們已經努力幫她遠離「黃河」了，但她到目前為止仍無轉向的意願。當下的感想是，該做的事都做過之後，已經無愧於心，這就夠了。

最後，感謝所有一起為公投奮鬥過的朋友過去幾年的無私付出。

相信我，「黃河」不遠，很快就到！

2018 年 9 月
陪同唐獎得主、氣候變遷教父
James Hansen
探視絕食的士修

重啓之路 我不孤獨

核四前廠長
王伯輝

核能四廠重啟之路，我不孤獨！

　　311 後，日本文化界帶頭反核，產業界及工程業者呢？10 年了，日本的核電又恢復了！回顧 2011 年，日本福島核災，日本的文化界人士，號召成千上萬的日本公民上街，達成了日本電廠的全面停機！10 年過了……日本真的是全面廢核嗎？在理想與現實之間拔「核」，日本政府仍然無法完全去核！截至目前，日本有 9 座核電機組已經重啓，5 座核電機組已被核准重啓，12 座核電機組申請重啓中。

　　福島事故後的反核歷程，文化界人士帶頭，卻未有務實的工程界人員帶領反對，這個情況，值得我們及社會大眾深思。所以，當年，2013 年，臺灣也掀起了一股反核的熱潮，「我是人，我反核！」、「用愛發電！」等聳動的語言，仍然是由政黨及文化界人士帶頭，同樣地，看不到產業界及工程界的人帶頭反核能。在當年有位日本很有名的科技記者來訪問我後，語重心長地告訴我：「311 的複合式災變，日本並不是在災區的核電廠全毀了，除了福島之外，有許多都是安全度過的！它們不是靠運氣，而是建廠、設計時即有充分的考量。」這一句話至今仍一直留在我腦海。近 10 年了，核能四廠，被政治人物當成籌碼在玩，他 (她) 們只顧選票，污名化核四廠！

核四廠到底安全嗎？

　　核四廠到底可以不可以撐過如日本 311 式的複合式災難呢？說了太多的技術問題，大家都聽不下去，只要用簡單的比較即可。在 311 難

中，有一個核電廠——女川核能發電廠，為日本東北電力公司擁有的唯一核電廠，就在震央附近。它撐過來了，廠內設備沒有受到地震的影響，廠裡送電到外面的迴路，地震後也保持著完整，海嘯對這個電廠也沒有什麼大的影響！它更在電廠的體育館，收容了 300 多名災民近 3 個月。

我們的龍門電廠，設計比他們新，耐震能力也比較強，距離海平面的高度，二個電廠差不多，而且我們龍門廠距離海岸更是比他們遠！311 災後，我曾到女川電廠訪問，當時，女川電廠的廠長叫來了所有的一級主管歡迎我們，而且開頭的第一句話就是「我們是兄弟電廠」，因為，女川電廠缺料時透過奇異公司，向龍門先借用，當時我們一口就答應，他們很感激龍門，也告訴了我們許多 311 的故事。所以，我很篤定地說：女川可以撐得過 311 那個大事故，龍門會有什麼問題？

龍門 (核四) 核電廠的社會志工

幸運的是，在鋪天蓋地的討伐聲中，這社會仍然存在有許多有正義感的人物，到處都有核能志工，主動參與。他們沒有報酬，只有源源不斷的熱情，由南臺灣的屏東至北臺灣的基隆到處都有志工，他們在市場、在街頭、在廟口、在夜市拉連署，簡短地道出：「臺灣不能沒有核能也不能忘掉核四！」多少人被他們的熱情所感動。

有幾則小故事，必須在這裡特別感謝：去年，在屏東的街講，有位住在部落的志工，開了一小時的車子來支援我們，一到馬上穿起了小背心，拿出看板，她熱情的舉動，感動了好多歐巴桑！在台南的廟口，四大公投的宣導活動中，有位女士，默默地拿著「核四重啓」的看板。我好奇地問她，四大公投，妳怎麼只拿這看板，她說，我是核電志工！市場、廟口、那裡人多，她就去！在斗南火車站的宣導中，我遇到一個媽媽，帶了她二個稚齡的小孩，到處宣導，令人動容！在台北的信義商圈、101、火車站時有頭戴北極熊帽的志工在宣導氣候變遷與核電的關連！他們不是用恐嚇的語言，他們是說理的去感動人！盼望志工們不要失望、不要洩氣，再召喚多一點的志工來參與！臺灣需要您們！

不能不說的臺灣核電技術

　　在一片反核聲浪中，大家似乎都忘了，核電用它「穩定」、「低廉」的優勢，幫助了臺灣的經濟起飛。在這過程中，有一件事情不能不寫：台電實事求是的工程師文化及國內核能科學家合作之下，開發了令人佩服的核能電廠的減容技術。它曾經在 2003 年的德國紐倫堡國際發明展中得到金牌，而且在 625 個發明中，得到唯一的特別獎 (GrandPrize)。它將原來在核能廠的低階核廢料由最高的 12,258 桶，減至二年前的 170 桶左右，它融合了電廠上游廢料來源的減量、高減容固化處理技術，將低階的核廢料量減到最低、最低，目前是國際上公認的最佳減容技術，這個技術，一直是世界許多國家想要學習的對象，它也是使用臺灣自產的固化劑。臺灣的核電技術及運轉的績效，一直在國際上名列前茅，甚至超過亞洲的日本及韓國。現在的執政黨不識貨，想要把它丟掉，實在可惜！

2022 年 1 月 12 日，這個值得大家記住的日子

　　龍門核能發電廠一號機主控制室，相當於人的大腦，從 2022 年 1 月 12 日開始停機了！運轉了 10 年，從來沒有找什麼大麻煩，是一套穩定的系統，卻因為台電高層必須配合政府政策關機了。負責的工程師們如此寫下他們心中的話……「1 天 24 小時、1 年 365 天持續 10 多年不斷的運轉，除了停下來清清風扇、灰塵，幾乎沒有停過，終於是要好好的休息了！我們一路從送電啟動、測試項目滿載，到現在的人去樓空，謝謝您 10 多年來的相挺，沒找過我什麼大麻煩！早已不記得正式送電的日子，但我想要記下這天，111.1.12，我們正式停機關電！」「有點悲哀又感恩的心情，是嗎？好像還沒上戰場就被勒令退伍？」「真的！戰死沙場也就算了！」「懷念控制室及龍門弟兄，寫了滿分考卷，沒人相信，再見了。」「會不會電力不足、又大停電呀？」「自己的選擇自己承擔」……滿滿感慨的話。不過，我知道，龍門的工程師已經把資料都備份再備份！但，維持有電，總比關機好啊，何必為了那幾個人力而做這麼大的犧牲呢？這就是相當於在廠內儲存好好的核燃料，又費了好大的功夫送回原廠，稱之為「異地儲存！」。

公投後的漣漪

公投後，經濟部長王美花說：「2025 年再生能源佔比 20%，恐難達標」。郭台銘示警：「明年一定缺電！工業及家庭都會缺電，大家要有心理準備」。「近期不論業界大老或工商團體眾口同聲，最關切的議題就是國內供電的穩定度。儘管官方一再重申供電量一定足夠，多位科技與傳產高階主管私下均指出：『今年勢必缺電！』除了風電、綠能建置進度落後，燃煤本來就非乾淨能源，加上天然氣成本高漲，2025 年燃氣五成、燃煤三成、再生能源二成的政策目標難以達標。在此同時，政府積極號召台商回流，電子大廠在臺灣投資增加，加上電動車產業快速發展，導致用電需求暴增，在在為供電穩定度投下變數。」……這是引自工商時報的一段話！這個國家，一個會議就可把幾千人辛苦 20 年左右的核能四廠封掉，然後擱置它，任其逐漸凋零；一個晚上也可把計劃多年的深澳電廠，為了選舉就這樣終結了。結果呢？選贏了嗎？

我經歷過核四工程的起起伏伏，所以我堅信它的品質！我了解核能電廠的安全性及其興建、測試的嚴謹，所以我敢說，它對臺灣的重要性！我更了解核四廠對友善環境、核廢料減容及儲存的用心，所以我大聲疾呼，不要放棄！最後，我必須說：「核能四廠重啟，對臺灣是一個很值得的選項，不是一件容易的事，但也不是很難的事，只是現在的政府，把它變成愈來愈複雜，事在人為，重啟絕對可以做到！」更盼望，更多的志工加入我們的行列，仍然為核四重啟再努力。

核四重啟，我不孤獨，為臺灣加油！

明明就快到隧道盡頭看見光

領銜人的話

依然真摯與忠誠，每天努力 Hack 國家

捍衛，
Hack 國家

核能流言終結者創辦人兼執行長
公投 16 案及 17 案領銜人
黃士修

　　今年是 2023 年，是我踏入核能議題的第十年。

　　這段時間，我們歷經政黨輪替、兩次公投。從反核到擁核，社會氛圍已然逆轉，但公投制度已死。我想對這一段牽涉許多人的人生，做個回顧和展望。

2018 年 7 月 1 日

「以核養綠」公投開始連署。我跟廖彥朋展開一連串奇妙冒險，結識來自全國各地的志工，與龐大的國家機器鬥智鬥法。

8 月中，中選會主委陳英鈴說，要在月底送件，否則不保證能綁大選。記者訪問我，我嚴正抗議，依照公投法的期程，綁大選的法定截止日應該是 9 月 14 日。新聞刊出後，我發現記者也有訪問婚姻平權公投領銜人苗博雅。

但苗博雅竟然附和中選會主委的說法！

不對呀，據我的了解，婚姻平權的連署書也還沒到安全門檻，它們的志工跟我們一樣沒日沒夜地拼，領銜人怎麼會自我縮限連署時間？而且後來婚姻平權公投在 9 月 4 日送件，也超過陳英鈴宣稱的期限。

9 月 6 日

我們達成 31 萬份連署書，送交中選會。合格門檻是 28 萬份，由於陳英鈴不斷放話要提前截止，我們在倉促之下只能擠出 10% 的緩衝空間。

送件後隔天，我收到民進黨朋友的情報，對方告訴我「府院內定你們這案的不合格率是 11%，要求補件，程序拖一個月，就趕不上合併大選舉行」，我半信半疑。

「另外，有在考慮把婚姻平權當犧牲打，跟你們以核養綠一起脫鉤⋯⋯」

啊，難怪苗博雅半個月前完全不擔心的樣子。「這個沒定案啦，你知道本黨把同婚當進步招牌，敢脫鉤的話，覺青基本盤會爆炸」，朋友苦笑，「我要澄清喔，我可不知道大人們有沒有去跟阿苗談什麼。」

過了兩天，我又從不同的綠營消息管道，得到幾乎相同的資訊，這下不由得我不信。我召集志工，告訴他們內定 11% 的事，「我做了各種情況的沙盤推演，現在我要說的，是機率最高的劇本」。

我們手上大概還有 3 萬份連署書，能在期限前進行第二次送件。法規並沒有禁止這麼做，如果中選會坦蕩蕩，大可直接收下。「反之，如果它們拒收，那就代表有鬼。」

9 月 13 日

那天是週五，我們一行人坐車到中選會。十個年輕人手無寸鐵，只有幾箱連署書，被五、六十名警力包圍。警官問我來做什麼，我說來送公文，他答沒聽說。「阿 Sir，這不是開玩笑嗎，你不知道有人要來送件，這一大票弟兄是哪來的？」

警官發現自己講錯話，不好意思地說，幫我通報中選會。一位中選會的科長下來了，她說沒接到通知我要再送件。我反覆確認兩三次，真的沒有嗎？她堅稱沒有。

我轉手就把前一日，跟眼前這位承辦人通電話的全程錄影，發送到記者群組。她當時很細心地確認，我們有多少人、多少箱、從哪個入口進來，還提醒我們要附影本，所以箱數要加倍等等。

公務員本來就清楚，在期限之內，分批遞交文件是很正常的事。

她只好改口說，依法不能再收件。我拿出一疊文件，印好的公民投票法、行政程序法，及其施行細則。「請妳指給我看，依照哪一條哪一項，不能再收件？妳舉得出來，我立刻撤退，明早開記者會向中選會鄭重道歉。」

她被我逼到快哭出來，我說「我沒有要為難妳，我知道是長官要妳下來擋的」，然後我轉身對志工說，將連署書卸貨，「我從現在開始，進行絕食抗議！」

我從來不做情緒性的行動，一切都照著計畫進行。啟動黃士修絕食抗議劇本。每小時開一次直播，講一個故事或八卦。廖彥朋負責看護，其它年輕志工陪同支援。第一個故事就是民主聖人林義雄已死。

絕食前夕，我就在內部宣告「913 作戰，弒聖行動」。當年林義雄絕食抗議 113 小時，喝豆漿、吹冷氣，在教會有專人服侍。我一定會撐過至少 113 小時，也就是到週二之後仍然不會倒下，我必須完全破滅林義雄絕食封存核四的神話。

林義雄自稱公投是他一輩子的理念，對蔡英文為權力毀壞公投卻毫不吭聲。蔡同榮在天之靈，肯定無法接受林義雄這種欺世盜名的行徑。黃士修絕食抗議 140 小時，只喝水、沒冷氣，在馬路邊日曬雨淋。我只是證明了，一個普通公民也有力量，抹殺偽民主聖人的光環。

這裡有一個插曲。我的身體本來就很虛，在此之前我對絕食也沒把握。絕食剛開始兩三天的時候，現場夥伴就注意到，我在凌晨的血壓會掉到只剩 100，以為我快不行了。我隔天起床就說，我不是講過我要開低耗能模式嗎？然後血壓就恢復正常了。

　　但我白天虛弱到快死掉的樣子真的沒有騙人，只是你們誤會了原因而已。因為工作的關係，我長期忙到時常每天只吃一餐，已經習慣飢餓感。白天陽光很強，我每天七點就被熱醒，半夜蚊子又多，我睡得很少，虛弱是因為我沒睡覺，不是因為沒吃飯，但我晚上的精神就好到令人生氣。

　　彥朋說，很多民眾擔心我，都說彥朋為什麼要折磨我。結果彥朋看到我的血壓心跳體溫，覺得我在折磨他，因為我幾天之後可能還倒不了，但可以光明正大休息。他幫我擋民眾加處理戰術快累死了，搞不好還沒輪到他絕食就先倒了。

　　「你到底什麼時候會倒下？」彥朋苦惱地問。「我覺得再撐一兩週不是問題吧」，我托著腮回答。「幹你娘」，彥朋氣到罵髒話。

　　接下來幾天，我的生理數據很正常，不如說比絕食前更健康，彥朋快崩潰了，因為我再不倒下，他會先倒下。所以原本是決定，利用我凌晨血壓低的特殊體質，低於 100 以下，就符合一開始訂下強制送醫的條件。

　　但因為彥朋有點發燒，必須在旅館多休息一天，所以我們決定延後作戰。而且我這邊遇到一個小問題，我在凌晨血壓會降至接近 100，但不好調整到 100 以下。這次絕食作戰，對方的所有一舉一動完全在我的戰術預測之中，唯一能夠讓黃士修失算的因素，只有黃士修自己。

　　為了讓彥朋早點上場絕食休息，我改變了作戰方法，增加水分攝取，加速電解質流失，睡一晚起來，心跳果然到達 90 以上，但沒有心律不整的現象。再加上情緒控制，把血壓逼到超過 150，心跳超過 110，讓彥朋執行強制送醫，我就去台大醫院急診部的留觀室吹冷氣睡午覺了。

讓心跳血壓升高什麼的，小事一樁。我們從生理學知道，心肌屬於不隨意肌，而這是讓自己的身體狀態瀕臨極限的技巧，一種「控制之下的失控」，就跟頭文字 D 的慣性甩尾一樣。

　　家人趕忙來到台大急診部。我叔叔打給我媽，把電話拿給我，我媽只問了一句：「照原本說的？」我說：「對。」她回：「嗯。」就掛電話了。

　　睡午覺的時候，因為我天生就會腹式呼吸，睡覺時也會進入低耗能模式。小睡片刻後，家人告訴我，我剛才每分鐘呼吸次數只有 5~6 次，甚至會低到 4 次，觸動紅底的警示，儀器也會咕咕叫。我醒來之後就示範了一次，有意識地觸動低呼吸次數警示，然後開始講話，就會回復到 20~30 的數字。

　　把自己的生命現象計算進去，才是真正的數學家。不過我其實有點擔心我不是人類的秘密會曝光。

　　以上這一段小故事並不算秘密，我在公投後受訪講過幾次。2021年 8 月，我受邀到國民黨青年營隊演講，竟然有基進黨側翼，自稱臥底爆料，說我承認當年煽動媒體、在鏡頭前演戲，「設計了自己的緊急送醫後，便到醫院睡午覺。」

　　我無奈地去留言「呃，你們知道我當天的演講，全程由民視等多家媒體直播嗎？」

　　我當年絕食，透過進一步自殘，讓自己的電解質失衡，生命現象惡化緊急送醫，這個我在三年前直播廣播講過好幾次，不是秘密。他們現在想扭曲成我在鏡頭前演戲，我認為很好。

「用自己的生命演戲，我也算是一位靈魂演員了。」

　　我在倒下前說過，很多人都來問我，什麼時候集結大型抗議行動？我這樣絕食，只會白白犧牲自己。我都回答他們，錯了，我的倒下是有意義的。

　　當舉辦全國選舉的機關被少數人把持，我們已經沒有公平的選舉了，臺灣再也不是民主的社會。有很多民進黨的黨公職人士，也無法容忍中選會公然舞弊。跟錯派系，年底就可能落選，沒有人能吞得下去。

你們知道，我一個人絕食，已經上了國際新聞，美國、新加坡、中國大陸都接連報導了嗎？因為我絕食抗議，竟然是為了要求政府遵守法律，還給人民選擇的自由。

2018 年

「以核養綠」公投，至今留下一樁懸案。「府院內定不合格率11%」，導致我進行一連串的絕食作戰。第一天的直播，我便講出這個11% 的預言。

我本來想，我都破咽了，府院搞不好心一橫，把不合格率砍到15% 以上，照樣要我們補件，但可以說黃士修陰謀論造謠。10月12日，中選會公布查對結果，不合格率還真的就是內定的 11%，分毫不差！

更有趣的是，高於全國平均 11% 不合格率的縣市，當時全部都是民進黨執政。我向記者朋友感嘆，「違法舞弊做到這麼精細，為什麼不分一點力氣在用心施政上？」但也見識到國家機器的可怕。

中選會宣稱有 9492 份「沒簽名而不合格」的連署書，卻從來拿不出任何一張的樣本。每一份連署書都經過志工 3~5 層的把關，沒寫名字這麼明顯的錯誤，不可能出現在最終送件的造冊。

莫名其妙不合格的連署書，甚至包含了張善政院長、牛煦庭議員，他們是被用「設籍未滿六個月，不符連署資格」幹掉的。我特地向張院長要到他的身分證照片，確認他設籍花蓮十年。小牛更是 2018 年當選的新科議員，如果他不符資格，根本無法參選，應剝奪當選資格。

隔年初，牛議員在桃園市議會質詢民政局關於自己的連署資格一事，民政局長支支吾吾，似有難言之隱。我和張院長則是到監察院檢舉中選會舞弊，當時已離送件審查將近半年時間，中選會突然改口，張善政院長是「重複連署」而被剔除。

我說，都半年了，去光華商場買一個描圖板，都能刻出第二份張善政連署書，那天中選會連刻都懶得刻。不過，後來監察院歸陳菊管，黑暗的真相自然石沉大海。

「以核養綠」公投其實有兩部分，正因為我們沒有資源才必須一次連署兩份，分別是「廢電業法」二階連署、「重啟核四」一階提案。

當年反核運動全盛時期，高成炎在民進黨全力支援下，花了快兩年時間，也才拿到十二萬份連署書。而核四提案書花了一個多月就破二十萬份，我們注意到，反核團體從那時起，就不敢再說反核是民意。事實上，即使在馬政府後期，反核從來都不是主流民意，它們拿不出科學的民調數據。

2019 年

　　我們發動第二次公投，分為「重啟核四」案和「核能減煤」案。清大老師們也提出「核電延役」案。

　　中選會認為，「重啟核四」因為去年有位宋雲飛也提案，原始主文寫的確實有問題。後來他改成跟我們當時一併連署的「重啟核四」提案書，主文只差一個字，就讓他審查通過。也因為宋雲飛的提案主文先行通過，中選會這次沒有理由擋我的核四公投主文。

　　我跟宋雲飛溝通過，因為一定綁不了大選，他進入二階並沒有真正連署，而是等到隔年，我們算準時間提案，目標將核四公投綁 2020 總統大選。

　　後兩者沒那麼幸運，被中選會要求召開聽證會，會上我方律師和學者，舉證主文符合公投法，場面幾乎一面倒。

　　然而，在委員會閉門審查的那天，我又收到情報。民進黨主席卓榮泰和秘書長羅文嘉，去找中選會主委李進勇。傳達府院高層決定先放黃士修的案子過關，但對於另外兩案一律駁回，叫我們去慢慢打行政訴訟。

　　情報來源是當年告訴我內定 11% 不合格率的民進黨朋友，可信度很高。

　　我在記者會上揭露這件事，中選會對我提告刑法侮辱公署和社維法散布謠言，還故意整我，其中一件要我回戶籍地偵訊，讓我台北台中兩邊奔波開庭。最後當然都是不起訴、無罪。

2019 年 4 月

我領銜的「重啟核四」公投、高成炎領銜的「廢止核四」公投，同時開始連署。起初，我們的志工在街頭會遇到環盟的志工，我都拿大聲公幫兩邊都拉連署，請反核的民眾到環盟攤位，擁核的民眾找「以核養綠」志工。十個停下來的路人，大概有七、八個簽我們的，一、兩個看看就走，一個簽他們的，比例很懸殊。

奇怪的是，過一陣子後，我們就再也沒看見環盟上街頭拉連署了。

約莫 9 月份，高成炎開始放話，要用公投正面對決。我們這邊剛過門檻，還沒達安全份數。我非常困惑，反核方怎麼老神在在。「該不會又搞苗博雅那招吧？」

從綠營朋友聽來的說法，似乎對方已經搞到 36 萬份連署書，我驚呼怎麼可能，朋友露出邪惡的笑容。但他也說，還不一定會送件，因為府院高層評估，如果幫助高成炎的廢止核四成案，整個總統大選的主軸就變成核四決戰，依照當時擁核已經過半的民調，會動搖蔡英文的連任。

「不是啊，三個月前，民進黨已經修公投法脫鉤大選，還不放過我啊？」我問朋友，他則說，「你不知道你有多可怕，正反雙方都成案，就算兩年後才公投，接下來總統大選通通要問核四題啦！」

最後，我們達到 37 萬份連署書如期送件。高成炎卻改口說，只拿到 10 萬份連署書，放棄送件，他在鏡頭前看起來非常不爽的樣子。我在想，大概在最後一刻，府院高層還是決定用別的方法對付我吧。

2019 年 6 月 17 日

民進黨在立法院召開臨時會，在一天之內三讀通過公投法修正案，原本要併總統大選的核四公投，被丟到更遙遠的 2021 年 8 月 28 日。當時柯建銘總召列出五大優先法案，公投法列在第一大類「強化國安」第一重要的法案，表示公投若綁大選會造成國安危機。而唯一可能成案的，只有黃士修的「重啟核四」公投，府院高層連高成炎的「廢止核四」公投都看不上眼。

「從今天起，黃士修的同義詞叫做國安危機，
蔡英文傾國家之力對付的危險人物。」

那陣子我們在立法院旁抗議，正值香港的反送中運動。6 月 17 日週一開議，我在 6 月 15 日週六前往現場。前一晚，我到永康街吃晚餐，在金華官邸附近看到林飛帆的身影。「他不是要辦活動撐香港嗎，來找行政院長幹什麼？」

林飛帆號召的反送中運動，緊急申請了週日濟南路的路權。我向警方表示，我們也聲援香港朋友的反送中運動，立場並無衝突。但警方說，路權在反送中團體手上，除非我們出示他們的同意許可，否則過了午夜十二點，警方就必須驅離清場。

我向林飛帆喊話，讓我們留在群賢樓前，為所有公民爭取選擇的自由，莫讓反送中運動掩護公投送終法案。林飛帆當然不理會我。

不過，週日那天有許多香港朋友路過，好奇問我們在抗議什麼，我便向他們解釋，「香港，逃犯送中。臺灣，公投送終」，香港朋友向我們比出大拇指，一起加油。至於消費香港人的林飛帆，在台上賣力表演著啃食人血饅頭。

2020 年 1 月 12 日，蔡英文勝選隔天，林飛帆接任民進黨副秘書長，被諷刺為林九萬。

2020 年

因為 COVID-19 疫情，臺灣陷入長期的停滯。這段時間，國民黨提出反萊豬公投、公投法公投，藻礁團體提出反三接公投。只要能提升投票率，當然是多多益善。

雖然我在 2019 年修法時期，就已經舉出投票率四成的例子，說明脫鉤大選的公投案，即使有六成支持率，仍然無法滿足 25% 通過門檻。那個投票率四成，是經過計算藍綠基本盤的預測，又是我的再一次預言。

身為核四公投領銜人，我總不能說，通過機會渺茫，所以擺爛不想努力了吧？面對絕對的逆境，還是要扛起責任，帶領所有人走到最後，這才是社會人的責任。

後來本土疫情爆發，原訂 2021 年 8 月 28 日舉行的四大公投，又被丟到 12 月 18 日。很遺憾地，最令人憂心的情況還是發生了，「投

票率僅有四成，核四公投未通過」的結果，依法不生任何效力，核四維持封存現況。

「投票率僅有四成，核四公投未通過」

長年被污名化的核四，加上民進黨挾千百倍龐大資源的動員，公民團體發起的核四公投始終在民調的誤差範圍內，等同被一半民意間接肯定，縱使未能啟封商轉，也是民主的里程碑。作為領銜人，我要感謝辛苦奮鬥的志工，以及所有為科學而戰的各方友軍。

然而，這對於擁核反核雙方，都是懸而未決的結果。公投脫鉤大選，民進黨大規模政黨動員，中間選民被蓋過，無法參與國家政策之形成，這是對民主最深層的傷害，**從此之後恐怕再無公投**。

我以領銜人身分聲明

一．核四公投未通過，中央政府更不可能處理核廢料。侯友宜市長對所有公投案的異常消極，造就了核廢料永遠放在新北市的政治現實，將在歷史留下紀錄。你的歲月靜好，是有人為你負重前行。

二．核四公投未通過，許永輝說的工程問題是真是假，永遠不會有答案。民進黨完全執政五年從來不查，到底在掩蓋什麼真相？三千億蓋好的核電廠白白報廢，沒有人負起法律責任。

三．核四公投未通過，每年少 200 億度電，中南部多燒 730 萬噸煤。每年超過九千人死於肺癌，空污還要帶走多少我們親人的生命？佔比過半的天然氣有國安危機，民進黨後續的四五六接計畫，將徹底弱化國防安全，出賣臺灣主權。

四．藍綠兩黨必須面對，2018 年「以核養綠」公投，全國六成民意續用核電的事實。非核家園的再生能源進度已經破功，核四又未能啟用，臺灣面臨嚴重缺電問題，朝野是否考慮核二三廠延役，或跟進國際將核能作為綠能的趨勢，在核四廠區新建小型模組化反應爐的可能性？

五．藍綠兩黨必須面對，核四終究必須決定啟用或報廢。待公投法之兩年效期解禁，2023 年可再提起公投，然而民間已無心力發動第三次

公投,是否會有政黨發起之核四公投?抑或 2024 年總統大選,就是第二次核四公投。國民黨和民進黨,仍然逃不過回答這一個問題。

六．藍綠兩黨必須面對,蘭嶼核廢是我們漢人虧欠原住民族的責任。我在此訴求將核廢最終處置與蘭嶼核廢遷出脫鉤,無論反核或擁核都得處理核廢料。即使是安全無害的廢棄物,達悟雅美族仍然有絕對的權利,要求核廢回到它該去的地方。

七．在此預告,近期歐盟會做出正式將核能列為綠色投資的重大決定,其中的關鍵要件就是核廢料對環境無危害可處理。這個遲來的正義還給核能一個公道,希望能消解社會大眾對核廢料的疑慮,對抗反核集團長年散布的假訊息。

八．歷史上,科學家哥白尼與伽利略都遭到異端審判,布魯諾在火刑架上燒死。蘇聯的李森科主義也曾壓迫數千名科學家,使其遭受監禁或處決。非核家園政策等同對中南部民眾宣判慢性死刑,未來將有十幾萬條生命因為肺腺癌逝去,無異於當年納粹黨將猶太人送進毒氣室的罪行。

九．反核集團的利益結構實在太過龐大,在如此艱辛的情況下,有一個人為了追尋真理,將撼動廢核的微小希望,寄託到下一個有同樣志向的人,下一個人接著把自己的生命奉獻給「以核養綠」,又將微小的希望再傳承下去。

因為我們相信,科學終將勝利。

在核四公投期間，也有一些秘辛

第一件是我透過管道取得的「核四重啟規劃書」，首見於公投辯論第二場，對台電核能處長許永輝戰。

許永輝擔任核能發電處的處長，應該知道自 2014 年核四封存後，每一年都有規劃重啟的報告。在「以核養綠」公投通過之後，其中一份重啟規劃書是在他任內完成的。當然，他現在不能承認。2019 年的時候，核四真的差一點就重啟了，只是被府院高層擋下來。

事後，台電新聞稿寫，「許永輝處長 2020 年 1 月才擔任總公司核發處處長。2018 年公投時，他在核二廠擔任廠長。對此自導自演的文件，沒有看過，也沒有參與。」

你們為什麼會以為是 2018 年寫的呢？我可從來沒這樣說過。我說的是 2018 年「以核養綠」公投，逗點，通過後。

公投辯論第三場，對地球公民基金會副秘書長蔡中岳戰。中岳其實滿可憐的，他私下坦承，每次想到會對上我，就會胃絞痛。那場我倒沒怎麼針對他。

我改向台電喊話。我已經暗示你們，我知道自封存起每年都有做重啟的規劃。因為你們手上的版本太多，自己都搞混了。2018 年、2020 年，甚至 2021 年都有一個版本。

反而是 2019 年因為某些理由，不需要寫完整報告。經濟部根據一些舊材料灌水，掰出所謂 N+7 年的官方簡報。

這邊跟記者朋友說抱歉，我在時間戳記上動了一個小 trick。我第一次傳到記者群的檔名是「2019 核四重啟初步規劃」，那是我故意寫錯的，這樣才能削到你這隻老狐狸！

為此我還用一台沒連線的電腦，把日期改成 2019 年 7 月，一個是我預言五殺的日子，一個是初選民調結束的日子，很有紀念意義吧？其實也有記者朋友發現我玩的把戲，請看「5.1 請求立法院協助事項」，這個版本更新了「新國會 2 月成立後」的建議，當時選舉已經結束。

對，這份報告不是 2019 年寫的，而是 2020 年 1 月寫的。正好就是許永輝處長上任的時候，你們乖乖上鉤了，我很開心。我沒說這份

報告是他寫的，但是他一定知道。我都把答案給你們了，你們慢慢盤點到底是哪一個版本吧。

台電高層不用查內鬼了，你們查不到的，因為我是從府院那邊拿的。2019 年行政院找台電開會，當時某人說不用提這些評估，因為就是要非核家園。至於後來是誰發現非核家園破功，下令跨單位寫出這份報告，簡副總和許處長，你們一定知道。

第二件是我表示願意擔任政務委員的事

這發生在公投辯論第五場，對民進黨側翼、台北市議員邱威傑戰。我都叫他呱吉娃娃，因為他每次一被罵就逃回小窩討拍，神經質、愛鬼叫、戰力弱、長不大。

我在辯論台上說，很多人都知道，我婉拒過好幾個政黨邀請，我不想從政，不想當不分區立委。一個月十九萬？我不需要。

2020 年 1 月 13 日

蔡總統連任勝選的第三天，有一位民進黨高層派人徵詢我入閣的意願。我說可以啊，蔡英文重啟核四，我沒問題。我一毛錢都不要，薪水全數捐出給慈善機構，無償為國家做事四年。後來那位高層說，這樣要林飛帆和洪申翰怎麼做人？所以作罷。

「以核養綠」公投三年後的今天，我決定為了中南部民眾請命。核四公投通過，我願意擔任政務委員，全權負責核四重啟，薪水全數捐給自閉症協會和流浪狗協會。

在任職期間，我承諾不會向任何政黨、任何派系、任何人物提供情報分析，也就是說，民進黨不用擔心我干擾 2022 年和 2024 年的選戰。你們買不起我的自由，但我可以將我的個人自由賣出，買進全體國民選擇的自由，這是一份選擇權的契約。

大家也可以看出來，我非常的疲累，為了兩次公投，我自掏腰包就貼了幾十萬，花費的時間更是無法估計，還要三不五時被查水表，遭受總統多次親自點名，指揮網軍對我進行人格毀滅式的攻擊。

在人類所有的負面情緒之中，憤怒和恐懼最能夠顯露原始的樣貌，然而恐懼是內縮的，憤怒是外張的，經過刺激才會有更多外顯行為。在你們面前的只是一個不斷地試探人性的亞斯伯格，你們不用害怕我。

犧牲別人的事我不幹，我向來拿自己當餌，激怒我的對手，讓你們自願地照我的劇本行動。

公投最大的危機是被冷落，打從第一場辯論會開始，核四案就是聲量最高，討論度最熱烈的議題。其它三案在民進黨幾千場動員之下，都被急速地拉近，唯獨核四案防守得銅牆鐵壁，甚至獲得中間選民的支持。

難怪民進黨一直想帶風向說是黃士修失言導致被逆轉。

但是，中間選民不一定會出門投票，甚至不知道要公投。那麼，公投脫鉤大選，反而跟政黨綁得更緊。民進黨幾億幾億地撒，少數動員就能蓋過全國多數的民意，這是對民主最深層的傷害。

我只是一個無黨無派的公民，我只能以我的身體與國家機器對抗。有人問，為什麼我每次合照要擺 JOJO 立？因為人類之所以可貴，在於擁有永遠不屈服於命運的黃金精神。奇蹟的價值在於它會發生，我們的工作就是讓它成為必然。我 Hack 的是整個國家的體制，還有整個社會的連結。

科學力量雖大，但我們已無路可退——我們身後就是核四廠！

事後，有許多政治圈和媒體圈的朋友十分好奇，我受邀入閣是真是假？我有跟極少數朋友說過那位高層的名字，但對其他人我必須保密，不能害到當事人，我只能描述在黨內概略的位階。

背景是這樣的，在 2018 年「以核養綠」公投通過後，府院分為幾派：反核的基本教義派、妥協的核三延役派。當時跟我接觸的，是核三延役派，他們明確認知到 2025 年非核家園一定破功，《電業法》的非核條款又被全國民意廢止。他們的想法是讓核三延役十年，非核家園年限延後至 2035 年，用時間換空間，補足供電缺口。

但是他們需要社會意見領袖，搞定黨內反核的基本教義派，所以那位高層透過管道來找我談。我說我當然可以幫忙，但我也要重啟核四，還有我願意無償擔任政務委員，為國家免費做事。

他對我的重啟核四不置可否，但對無償當政委這一項大驚失色。林飛帆、洪申翰是小英愛將，我的奉獻等於要他們去死，「怎麼會有人當官不領錢的！」，蔡總統的面子更沒地方擺。於是他連忙說，此事就此作罷，會得罪人的，千萬不要再提。

不過，我向他提起的重啟核四，似乎產生了一點漣漪。很久以後，我才知道民進黨內竟然也有重啟核四派，雖然極為少數，但有位階很高的人在背後支持。當然，是跟蔡英文不對盤的真正獨派，輾轉接觸到我。

我手上這份核四重啟規劃書，是這樣來的。

我就問，這種專業的內部文件，是國民黨拿得到的嗎？若非我跟府院高層有情報管道，不可能取得這種等級的機密情報。

民進黨一開始認為是黃士修自導自演，或是跟國民黨串通。我在辯論會上講解過規劃書的內容，連預算細項、維護狀態、列管清單都有，就算是核工教授李敏老師、葉宗洸老師，也決計無法憑空生出，必定是專業的內部文件。

也有人懷疑，是不是前核四廠長王伯輝寫的？但王廠長看到之後說，這份規劃不是一個人寫得出來的，一定是跨單位跨團隊的專業之作。我曾經聽過王廠長說過他的重啟想法，比對後發現與規劃書的版本並不相同，王廠長也承認規劃書策略更加高明。

後來台電有偷偷改口，僅說並非正式文件，卻不否認是內部文件，還強調若有員工擅自以台電公司名義提供外界錯誤、過時、片段的資訊，將會循法律途徑追究。所以你們承認在抓內鬼了嘛。

第三件是在公投前夕

2021 年 12 月 15 日，環團終於開始攻擊我的亞斯伯格症。我等了很久，終於等到這一刻。我從不諱言，我是亞斯伯格症確診，也有憂鬱症病史。但是，亞斯伯格症從來不是我行動的理由，我也從來不會用亞斯伯格症來推卸自己該承擔的責任。

環保聯盟說同理心，我們就來談同理心。肺腺癌每年奪走臺灣九千多條人命，每拖一年，就是讓空污帶走成千上萬個生命，其中包含我們的親人、朋友，甚至我們自己。

我是亞斯伯格，儘管許多醫學研究指出，自閉症類群障礙 (Autistic Spectrum Disorder，ASD) 在確定他人想法和感覺方面會有困難，但我可以透過後天學習，理解並感同身受他人的反應。因此，我能理解，雖然反核團體用謠言煽動民眾的恐懼，但民眾的恐懼是真實存在的。

面對人類最古老而強烈的情緒，我選擇直面恐懼，用科學證據和方法來解決問題。而你們呢？你們是正常人類，卻一而再、再而三，從蘭嶼到貢寮，利用民眾對未知的恐懼，謀取政治利益和個人私利。

試問，造成居民對核能的錯誤認知，讓居民長期活在不存在的核災陰影下，是誰？接下來，你們還要阻擋核四重啟，讓空污繼續屠殺臺灣人的生命。這樣冷血、殘酷、沒有人性的你們，有什麼資格說同理心？

容我以一個亞斯伯格的身分來提醒你們，同理不是同情。同理是我知道你的感受，而你和我是平等的，能抱持不同的見解，做出不同的選擇但彼此尊重。

你們口口聲聲說同理貢寮居民的痛苦，充其量只是高高在上，自以為是的同情。貢寮居民不需要被任何人代表，你們也不需要為我的行為找理由，把亞斯伯格塑造成一群不能踏入公共場域，需要被隔離靜養的傢伙。這不是汙名化，什麼才是汙名化？我很喜歡台大醫院簡意玲醫師為成人亞斯伯格下的註腳：**依然真摯與忠誠。我是亞斯伯格，我站在這裡，捍衛每個人選擇的自由。**

每次演講我都要澄清，我真的不是讀清大核工，我是讀數學和物理的。當年我在倫敦帝國理工，研究黑洞的量子重力。後來因為身體問題，緊急返台就醫，在病床上躺了一年。後來逐漸康復，就出社會工作，沒有把學位讀完是有一點可惜。

不過，在我休養期間，看到臺灣反核運動興起，我因緣際會創辦「核能流言終結者」。那些數學和物理的訓練，在思考方式上帶給我很大幫助。至今我仍然一直在思考，什麼是資訊的熵 (entropy)？

各位不要緊張，我沒有要談資訊理論的數學，我當過老師，知道講數學很容易讓人睡著。物理學家史蒂芬・霍金曾經被劍橋大學出版社退稿，編輯對他說，「每多一個數學公式，就會讓銷售量減少一半。」

　　生物學家理查・道金斯則提出迷因 (meme) 的概念，這是一種類比生物演化的文化現象。人類透過模仿傳播思想，迷因有其宿主、壽命，進行複製而繁殖。聽起來跟我們在選舉之中，觀察到的許多行為很像。

　　這幾年我的所有演講，也都不是講電力與能源，而是講公民參與。我喜歡從經濟學的供給和需求切入，談機會成本和邊際效益，配合案例的敘事，教大家如何去思考議題，建立自己的論述。

　　畢竟，我的工作跟核能並沒有關係，作為一個職業顧問，策略分析才是我的本行。公共倡議則是我的興趣和 PSR —— Personal Social Responsibility，個人社會責任。

　　容我提醒，核能確定被納入歐盟綠色投資分類。嚴格來說，此次被列入的還有「部分化石燃料氣體」，國內媒體報導常以「核能和天然氣」並列綠色投資概括，容易引起誤會。

　　因為其條款對化石燃料氣體的限制非常嚴苛，且明確被視為必須被淘汰的過渡能源。反觀核能的文字與條件相當正面，大多數核電廠都可以納入永續活動。

　　美國智庫更明言「臺灣執政黨並未如其他國家將核能視為綠能是個問題」，無論是既有的核一二三廠，還是未啟用的核四廠，都是純正美國貨，也難怪美國方面頻頻表態，力道越來越重。

　　核能是綠能、核能是綠能、核能是綠能，很重要所以要說三次。科學、民主、國際都站在核能這一邊，唯獨政客和利益集團站在環境的對面，成為人類之敵。

　　在核四公投期間，科學方拿出大量證據，證明核四廠是安全的。

　　當然，有些人宣稱他是反核四不反核。那太好了，因為我的公投主文重啟核四，並沒有限制機組或廠區。我們認為已完工的兩部機組沒問題，而且承諾邀請國際專家重新安檢。

如果還有疑慮，沒關係。因應小型核反應爐 (SMR) 的國際趨勢，我們大可以啟用核四廠區，用最新的技術、最嚴格的標準、最透明的監督，蓋全新的機組。抓到你的狐狸尾巴了，退縮回基本教義派，反核就是反智反科學反人類。

給各位猜一猜，全國投放最多臉書廣告的是誰？答案是「Greenpeace 綠色和平 (臺灣網站)」。根據 Facebook 廣告檔案庫報告，綠色和平投放超過兩千萬元新台幣的廣告。這還只是臉書平台，不含媒體和實體的宣傳。

2021 年公投期間，民進黨需要花費大筆資源的宣傳戰，主要由綠色和平負責。這是一個每年收臺灣人三億元善款的組織，有著以募款業績為升遷指標的直銷制度，以人滾人，以錢滾錢。

其中一場辯論，我揭露臺灣綠色和平是拿北京資金成立，自由時報也踢爆過，綠色和平把臺灣列為中華人民共和國的一省，招募員工時還詢問統獨立場。

我對著綠色和平的專案經理古偉牧先生喊話：「請你搞清楚，兩岸現況是分治，你一個中共香港人，有什麼資格干涉中華民國的內政！」

相較之下，我花了兩百多萬元，就打成五五波，真是奇蹟。

沒錢有沒錢的打法，我人生中的每一場戰役都是絕境逆風，我永遠都在跟政黨、財團、利益團體的巨獸作戰。正因為知道資源極其有限，又是來自民眾的小額捐款，我的責任便是把一分資源發揮到千百倍的效益。

一直以來，我都是義務進行公共倡議，從未由協會支薪，甚至還自掏腰包幾十萬元下廣告。我非常感謝我的職場夥伴，這幾年在我忙得分身乏術之時，能夠讓我沒有後顧之憂，分出一半時間和收入，投入公投活動。

然而，無論在商業上或政治上，資源就是最殘酷的現實。自由行星同盟元帥楊威利曾說：**「以少勝多是異常的事情，他之所以顯眼，和瘋子在正常人之中會比較顯眼的理由是一樣的。」**

在正常的條件之下，業餘人士不可能打得贏職業人士。對手的金錢比你多，時間比你多，組織比你多。你憑什麼贏過人家？

即使是天才，也只能在局部的時間和空間取得優勢，這是我的人生經驗。我沒有說我是天才，我是在教你們超越天才的方法。這是一場沒有硝煙的總體戰。

我們今天談很多能源的永續發展，我要問，臺灣能有倡議的永續發展嗎？黃士修只有一個人，臺灣會有第二個黃士修嗎？**「戰爭並非光靠數量的想法，不過是湊不齊數量的人所做的自我正當化辯解罷了。」**我始終相信楊威利說的話。

近年我接觸政治和媒體的事務，臺灣真正面臨的能源危機是什麼？或者，民主危機是什麼？從資訊的觀點來看，是沒有新的人討論新的思想，舊有的群體終究會滅絕。我不知道各位是怎麼看我，但我看我自己是覺得有點膩。好油喔 PEKO。

2015年，我在一次專訪中說，「如果有一天這個社會不再需要『核能流言終結者』，核終就會欣然退場，因為它的精神已經留在每個人的心中。」

其實身為創辦人，我才是這個世界上，最不希望「核能流言終結者」存在的人。無奈的是，似乎我還沒辦法金盆洗手，退隱江湖。好吧，麻煩的工作總得有人來做，那麼我希望有更多一點人行動起來。公投是這樣，選舉是這樣，民主就是這樣。

為了每個人選擇的自由，請跟我一起每天努力 Hack 國家。

志工的故事

因《電業法》而開始的奇幻人生

「氣候先鋒者聯盟」共同創辦人
楊家法

公投結束了，真是漫長的一役。回想這一路走來，從 2017 年開始，一開始並沒有想這麼多。只是個小老百姓的我，只是想要做點什麼，讓社會知道更多一點真相。

在 2017 年之前，臉書社團「核能流言終結者」聊天室的人根本不認識我吧（我從 2014 年加入聊天室但幾乎沒有發言，根本 Nobody），但從 2017 年之後，忽然之間我就認識了好多核終的朋友。

說來話長，自從 2016 年蔡政府執政之後，透過其急欲修改《電業法》，透露出完全向再生能源傾斜的能源政策，並且強力在推天然氣，而新成立的減碳辦公室在運作一年後毫無作為，只在意廢核。如果廢核後再生能源補不上，將只能增加火力發電來應對，然而天然氣的碳排是比核能多很多的！

而一般人對於核能的印象，幾乎都是核災（特別是我們的鄰國日本 2011 年發生的福島事故）這一類負面的恐懼的認知。

2017 年初我在 YouTube 頻道上看到了美國環保英雄 Michael Shellenberger 的演說，當時我並不知道他是誰，但覺他的演說實在太棒了，他主要在強調**人們對於核能的恐懼反而是在破壞環境而害了地球**。當下開始 GOOGLE 才知道他算是國際知名的環保人士，我覺得一定要找 Michael Shellenberger 來臺灣，這對於像我這樣一個平凡的人來說，是一個很瘋狂的想法，但我並沒有想太多，就開始籌劃這件事。

　　當然一開始也並不是順風順水，因為我在 FB 私訊麥可，我很努力地打了一堆很台式的英文甚至穿插了中文，想告訴他臺灣的現況、還有未來核能在臺灣非常不樂觀，當然可能我一下子太熱情又打太多字，造成人家困擾而被麥可封鎖了。當然我的個性是不可能這樣就打退堂鼓，於是我再接再勵寫了 e-mail，終於才開啟了雙方溝通的渠道，進而有後面更多的接觸（他一直到了臺灣才知道他很早之前把我臉書封鎖，他有向我說抱歉，並馬上加我為好友，我以大笑回應），而透過麥可我也認識了更多國外的朋友。

　　我在邀請麥可來台的過程中，張文杰從網路上得知這件事也非常訝異（因為一開始我是打算自己不計代價完成這件事）。而後核能學會知道了，馬上就鼎力相助，學會那邊出錢出力弄了很盛大的台美日韓論壇還有晚會活動（當然我也自掏腰包花了不少錢）。

　　2017 年那場論壇活動，其實對外的宣傳效果有限，但對於臺灣的挺核者來說是非常重要的，大家在這過程中互相認識，也增加了更多熱情和動力。

而我為什麼會在 2017 年弄了一個「氣候先鋒者聯盟」？不同於「核能流言終結者」社團，「氣候先鋒者聯盟」是希望從氣候氣遷、全球暖化這些較高的視角來探討能源的問題與政策，面向一些比較理性、喜歡系統性探討問題的群眾。因為 2017 年麥可來台時有跟我說 2018 年 10 月左右會有一場全球的挺核活動，他希望臺灣到時候也能一塊參與，我在車上跟他說這事包在我身上，我會全力以赴。

在 Michael Shellenberger 第二次來台拜訪的時候，也帶來了一位菲律賓的朋友 Mark 和我們認識，Mark 在菲律賓是相當有名的挺核人士，我們一見如故相談甚歡。

去菲律賓也要推廣
「以核養綠」

而一年多之後 Mark 因為有一些農業上的問題需要協助，於是我就找了朋友一起過去菲律賓幫忙解決問題，另外我也請他帶我去參觀他們的巴丹核電廠，巴丹核電廠封存了 30 幾年，比我們的龍門電廠更久，我們還在巴丹核電廠拿「以核養綠」的旗幟拍照，我也分贈「氣候先鋒者」在活動常用的紙製熊頭給 Mark 作為紀念。

而在去年 (2022 年)Mark 選上了國會議員，眾議會也決議成立一個特別委員會，這個特別委員會是菲律賓專門為了重啟核能而成立的，由 Mark 擔任特別委員會主席。看到菲律賓的核能復興跨出這麼大一步，真心替菲律賓友人感到開心，但回頭看看臺灣，政府仍堅持非核家園政策，甚至用盡一切辦法阻撓打壓我們的公投活動，真的很諷刺，也是臺灣人民的悲哀。

在 7-11 門口很孤單
但也很驕傲

「氣候先鋒者聯盟」從設立至今,我們已經連續參與過三次的全球挺核站出來的串連活動「Stand Up for Nuclear」。我們在活動中使用的紙製熊頭跟充氣北極熊偶,令參與的民眾印象深刻,也多次被國外的媒體刊出。

而回顧 2018 年的公投這件事,我印象中是在 2017 年 10 月的論壇活動結束後隔了二個多月吧,有一天清大李敏老師找了大家一起坐下來開會討論,就決定 2018 年要來推動公投,當時真的覺得好困難,人丁單薄,幾乎是不可能的任務。從 2018 年開始一步一腳印地做,從北臺灣到南臺灣,都有志同道合的志工在街頭拉連署,我們之前都不認識,卻都想為這個國家做點事情。

甚至因為中選會的惡意阻撓,士修當時在中選會前絕食抗議,在這抗爭過程中國際知名的氣候變遷教父,唐獎得主詹姆斯漢森,居然也特地來中選會前跟黃士修加油打氣(那天我感動到都快哭了,許多的巧合促成了葉宗洸老師和詹姆斯漢森的會面,所以詹姆斯漢森才特地趕來中選會前,策動這件事情真的很不容易)。

2018 年的公投,在完全沒有人看好的情況之下,我們居然打贏了,那天所有的人應該都感動到流淚了吧?

然而完全沒有想到 2018 年公投過了之後，經濟部能源局副局長李君禮表示，「以核養綠」公投廢除《電業法》95 條第 1 項的條款，但是並沒有規定一定要用核電啊。而同時行政院表示，核一、核二和核三都已經錯過申請延役的時機，不可能延役，而核四就算現在重啟，也要到 2025 年才能商轉，到時候電力已經足夠，不必再使用核能。意思就是依公投結果廢除《電業法》95 條第 1 項，但政府仍會堅持 2025 非核家園，政府竟然賴皮……無視公投結果而硬是做出相反決策。

　　公投領銜人黃士修也隨即表示，接下來，團隊會要求政府討論 3 座核電廠延役和核四廠重啟。「如果政府不給人民一個滿意的答案，我們就會發動『以核養綠』公投二部曲，『重啟核四』綁定 2020 總統大選。」然而政府可能怕我們又會贏，馬上修改了遊戲規則，不讓公投綁大選！這麼可惡的政治操作，讓我對第二次的公投充斥著深深的無力感和憤怒，難以言喻。許多志工應該也和我一樣，不過我們仍繼續在街頭奮戰，為了公投而奮鬥著。現在回頭來看從 2017-2021 這四年真的是熱血，充滿各種難忘的回憶，光是回想都會讓我隨時噴淚。

　　2021 公投在執政黨惡意的修法無法綁大選，僅 4 成的投票率下沒有辦法成案，也讓許多志工非常挫折（我在開票當天並沒有哭，但隔了二天回想起來才情不自禁流下眼淚）。

　　但我相信接下來執政黨必會因他們錯誤的能源政策而付出代價，當 2022 及 2023 年電力供應出現問題，大規模的停限電又再次上演時，人民終會覺醒，科學終將勝利！

從反核到反反核,我的學習之路:

正港臺灣出身,無知反核改邪歸正的勵志故事(?

喜歡這個讀讀，那個聽聽
的小兒科醫師

王見豐

　　大學時代浸泡於反國民黨溶液之中，農運、工運、環保各種社會力量蠢起，與政治運動結合反對萬惡的共同敵人。正如臺灣反核之父林俊義所說：「反核就是反獨裁」，學生時代就曾為了反核和一位住院醫師學長辯論，理不直而氣壯。

　　2013年初，行政院長江宜樺宣布年底舉行「核四公投」。當時看到同學臉書貼出參加反核遊行照片，自己卻越來越行動侏儒，頗汗顏，乃自勉要好好讀書用理論痛宰核電幫。「核四公投」後來不了了之，也順從惰性繼續混日子。記得大約這個期間，公視播出一部談核廢料與核電廠除役的紀錄片。印象非常深刻的一句話是反核人士說：「核電廠要怎麼除役，我們好像從沒思考過這個問題。」核電廠使用過後就等同死地，因為輻射永遠在那兒。我特別在餐桌上跟孩子說：「核廢料無法處理，所以不該使用核電」。

2014 年 4 月，林義雄宣布無限期絕食要求政府停建核四。2018 年「以核養綠」公投期間，朋友傳來我參與 2014 年醫界發起的反對核四運轉連署連結，有圖為證。雖然不記得有這檔事，江宜樺也於 4 月 28 日宣布封存核四，但我終於開始學習電力核能相關知識，也很快就發現過去根本是在反對一個自己完全不了解的東西。意外的是，最先受到打擊的不是核電，而是搞懂容量因素後，裝置容量與實際發電量的巨大差異，加上不穩定無法調度，靠再生能源取代核電的夢想瞬間破滅。此後只好面對現實，從火力、核能兩者之利弊，到最不想面對的核廢料逐步了解，終於走上擁核這條不歸路。然後在「潘朵拉的承諾」試映會（公視於 2014/10/24 播出）前後加入「核終聊天室」。該年 6 月 3 日的貼文，大概是我反核的最終戰：「截至目前為止，關於核四爭議的兩大疑點，『核四安全』與『高階核廢料終極處理』，我仍不知道答案，原因仍是老話一句，智識不足以判斷。至盼，最終我有能力不以政治社會方式，而是靠著科學智識決定核四是非。」

能在短時間幡然悔改，也是運氣好，幾乎一開始就發現陳立誠先生的臺灣能源部落格，學習到許多電力建設的基本概念，省去不少冤枉路。陳先生原是吉興工程顧問公司董事長，「吉興公司為電力專業工程顧問公司，30 年來，吉興公司規劃設計近 8 成國內火力電廠（燃煤、油、氣），業務並擴及海外。」不僅有足夠的專業素養，身為火力電廠專家，為了臺灣的未來，陳董疾呼核電對臺灣的重要性，尤令人深感佩服。他的文章清楚明白，沒有太艱深的數字，我把讀過的文章其中所有數字，一一仔細驗算，也是抓漏的心態。感謝以前老師教導，憑藉殘存的基礎物理，從太陽光電容量因素開始，一個數字接著一個驗算，每個都打在心頭上，我反核但無法欺騙自己，陳董說的是真的，自己相信的只是沒有根據的幻想與口號。

當以往聽過的反核招數都被破解後，終於面對核廢料與核電廠除役。陳董四篇文章前後讀了幾次，無從反駁卻不像其他文章啞口無言，核廢料還是在啊。直到想清楚電力是選擇題，不是是非題；廢棄物本來就無所不在，必須比較各種發電方式的風險利弊，現實世界反而是

所有發電方式之中，只有核電廢棄物有真正的管理。謹記比較各種電力優缺點的心法，靠著科學數字為憑據的唯一招式，從此邁向永和豆漿大道，不再回頭。此間心態之轉變不可謂不巨大，以前人云亦云，又是多麼無知。剛表態擁核之時，立即在同學、同業中成為少數的怪咖。這並不意外，自己先前就是那麼封閉卻又自以為是。慶幸的是，能在五十歲之前跨出了解的第一步，領略朝聞夕死的的喜悅。

過去讀書是為了滿足個人學習，一如欣賞詩詞曲賦古典音樂，自我感覺良好已然足夠。從反核出發，本來是恐懼核災傷害臺灣，卻發現廢核才真正傷害臺灣。雖前後認知迥異，同樣自覺無法坐視，並特地將臉書 Ong Kian 改回本名，為自己言論負責。個人學習過程因此插入一段美麗的意外，幾年的努力下來，愈來愈多人了解核電。2018 年「以核養綠」公投過關，整個過程是化不可能為可能的成就，核友們有精彩述說。

2018 年「以核養綠」公投過關，本是挽救臺灣人民免於能源窘境的最後關卡，也是免費送給民進黨拋棄錯誤能源政策的下台階，執迷不悟真是可嘆。近年電力狀況頻繁只是開端，可見的未來會一年比一年更困難。有時候心想如果身處文革狂潮之中，自己能怎麼做？恐慌與無知終究會過去，能源政策的傷害也是，時間而已。但盼屆時臺灣人的處境不至於太悽慘。也寄語與一起反核過的師長同學朋友們，「反核就是反獨裁」，**無論反核反獨裁都只是手段，追求更安全更美好的臺灣才是初衷。**不時自我檢視，一味將手段神聖化，受傷的是我們最珍惜的臺灣。

真正的英雄關心國家能源安全

在還不夠科學的年代，為科學做點事

自然永續

不怎麼宅的博士 IT 工程師
「正宗諾努客」粉絲專頁 版主

Cory

　　現在回想起來，會成為「以核養綠」的一員，
大概跟我有點叛逆的個性也有所關聯吧！國小時班
導都會在導師時間談些時事，有天就講到了捷運。
當時臺北捷運還在試車，偶爾發生一些問題，就被
許多反對者解讀為捷運很多問題、臺灣的捷運很危
險，那位班導也是這樣認為。在班上公認很愛跟老
師唱反調的我，就舉手提起了平常師長們的教誨
──凡事總有開始，剛開始總會遇到問題要克服，
我認為臺灣的捷運可以做得很好⋯⋯我當時是真的
那麼認為，而也的確，後來臺北捷運確實表現不凡，
多次在國際組織的評比中可靠度名列前茅，也成為
許多國外城市考察、交流的對象。

　　有那麼一點叛逆、關注科技發展、樂於接受新
事物，我對於各種能源其實都是持開放的態度。所
以我也曾經認為多用再生能源、提高化石燃料燃燒
效率、多種樹吸收二氧化碳排放等，我們就能解決碳
排放問題。2011 年我還在當研究生時，日本東北發
生地震與嚴重的海嘯造成了不小的災害，連帶使得

國內外興起了一波反核風潮，很多完全曲解科學事實、很扯、很無腦的反核言論開始出現，我突然發現原來我們處在一個還不夠科學的年代。要我說出反核的理由其實也行，每種技術都有其優缺點與取捨的條件，但我沒有辦法接受扭曲科學事實的行為。核能在臺灣面臨的問題，跟當年的捷運是一樣的。

所以那時候我開始做功課、寫部落格文章、向朋友解釋核能，嘗試傳達一些正確概念。我支持低碳能源，有很大一部分原因是為了減少二氧化碳排放，合理地使用核能與再生能源，是最能夠兼顧人類現代化生活與環境永續的方式。剛開始單打獨鬥其實是很孤單的，後來遇到了當時才創立不久的「核能流言終結者」，開始接觸到更多對科學比我更認真的朋友。原來核廢料還真的不是什麼大問題、原來再生能源有很多需要克服的困難、原來大量使用化石燃料造成的碳循環失衡，不是多種樹就沒事的、原來……我們需要更誠實地面對物理上的極限。

有次偶然在校園內看到被亂貼的「核電歸零」貼紙，我開始想有什麼方法可以呈現出這個能源問題的一體兩面，畢竟核能確實是減少二氧化碳排放、對抗全球暖化的利器。最後衍生出了一張可以解釋成「支持核電、暖化歸零」或是「支持暖化、核電歸零」兩種意思的圖，也在一些熱心夥伴的幫忙下，做成貼紙、紙膠帶、帆布旗、鑰匙圈等等。團結就是力量，許多有志之士在閒暇之餘一起想辦法把核能議題推出去讓更多人知道，當時的挺核社群就是這樣的氛圍。

熊頭疊疊樂，除了辛苦之外，
這絕對也是很歡樂的公民運動

離開校園、開始工作一段時間後，終於等到針對《電業法》非核條款的「以核養綠」公投被提出了。一開始我認為大家都找親朋好友一起來連署，應該就可以達標，完全沒想過要站上街頭面對人群。但看著連署人數的成長速度緩慢，加上剛好跟前女友分手而多了不少時間，於是我用不要的紙箱製作放在地上或手持的標語看板、用展覽會場發的提袋裝各種用品、用行動電源搭配簡單的燈具做為晚間簽連署的輔助光源，開始利用晚上下班後、假日的時間加入街頭宣傳與募集連署的行列。當時想著，沒有人知道結果會如何，如果不做點什麼，大概會對失敗感到很懊惱吧！然後我也發現在街頭認識一些熱血志工、向民眾科普傳遞正確知識，也是很令人快樂的事情，可以少點胡思亂想、帶來點正面積極的感覺。

不論男女老幼，
我們都歡迎全家大小一起來

在街頭常常收到一些意外的感動，曾經遇過不少次手或眼睛不是那麼方便的朋友，主動過來拿出身分證表示要連署，我都會口頭說明議題與預期的公投時程，當面代為填寫好資料後，再指著簽名處請當事人親筆簽名。也有遇過計程車運將臨停跑過來連署、連署完還拿了一疊連署書回車上說可以幫忙發的。偶爾也會有一些熱心朋友加入，幫我們一起收連署，或是張羅飲料等補給品。最讓人欣慰的是遇到不少帶著小孩子一起來連署，甚至連署好還跟我們說：「還好有你們！」或是會跟小孩子解釋為什麼我們需要核能的年輕父母，那是一種看到希望的感覺。

當然，也會遇到持不同意見的人，有些人只會來嗆聲就跑，有些則可以有更進一步的交流、討論。後者如果剛好是在人潮較少的時候，就會多花一些時間說明，甚至了解一下互相的盲點在哪裡，通常都會有不錯的收穫。當然也有些擔心，被錯誤資訊影響了那麼久，可以在那麼短的時間改變嗎？我認為這需要系統性的知識，好比地球繞著太陽轉這件事，大多數人都能理解，儘管大多數人其實沒有機會飛到地球軌道外面，親眼看到地球繞著太陽轉，這就是一種系統性的知識。所以早在 2016 年我就開始經營「正宗諾努客」粉絲專頁推廣科普，期望用更接近一般民眾的方式講核能、能源與環境問題。

「正宗諾努客」這個名字同樣是反核團體給的靈感，反核團體以「no nukes」音譯為「諾努客」舉辦活動，但我認為同樣發音應該是要「know nuclear」才對，如同一句來自英文的名言「Don't hate what you don't understand」——不要去討厭自己不懂的東西，應該充分了解之後再去評斷。也因此在正宗諾努客中衍生了「了解，讓我們看見更多美好」、「From "NO" to "KNOW"」等意象。我想傳達的是：能源的使用是很廣泛的，生活中的每件事情都需要能源，核能提供低碳潔淨的電力，可以用來解決很多交通運輸、工業等面向的污染與碳排放。要有全面的視野，才是真正對環境友善的乾淨能源轉型。也因此我在 2021 年的世界地球日，為「氣候先鋒者聯盟」規劃了很有意義的「純電環島」活動，完全以電力交通運輸工具繞臺灣一圈，目的就是以實際行動強調這個概念。

經過許多人的努力，2018 年的「以核養綠」公投順利通過，廢除了《電業法》中的非核條款，但較為遺憾的是後來的「重啟核四」公投在政治烏賊戰術、COVID-19 疫情等等影響下，沒有理想的結果。不過能源科普這條路仍然會繼續下去，我會繼續「正宗諾努客」、「氣候先鋒者聯盟」、「Stand Up for Nuclear」等社群的活動。

一開始我很不喜歡這個議題被歸類在社會運動、政治議題，但在最近兩年開始發現：也許我想錯了。有人說「政治是眾人之事」、「人多的地方就有政治」，其實這些就是人類的天性使然，人類的智慧與文明經過很長時間的發展，累積了許多潛在的脈絡，也影響著人類的社會。我對高中軍訓課本上一句俄羅斯軍事家托洛斯基的名言印象相當深刻：「也許你對戰爭不感興趣，但戰爭對你很感興趣」。到了現在才慢慢能體會，其實這句話的背後，就是人類天性造成的種種，可能不是每個人都對政治活動或社會運動感到興趣，但是這些交互作用卻會影響每個人的生活。我想在未來科普推動上，這些也是需要考慮的。

　　每個人都是大自然的一份子，科學呈現的是大自然原本的樣貌，不論喜歡或不喜歡，大自然都不會因你而改變。唯有誠實面對科學，我們與未來的世世代代，才能與大自然永續共存。人類是種高度社會化的動物，要在人類社會中傳遞科學知識、推動議題，就必須考慮人性，這也可以說是一種自然現象。因此不論是外在自然環境，還是人類社會層面，都還是需要大家一起努力，沒有人是局外人。

　　本文最後我想特別謝謝現在的女友，也就是在「重啟核四」公投的連署活動出現過不少次的新美。我們在 2019 年初相遇，她是令我驚喜的存在，很在意我們未來生存的環境，而且很願意去了解不同領域的知識，這種認真的態度，也是我認為非常值得學習的。感謝她在「重啟核四」公投連署的期間，將我們大部分週末的約會時間，都貢獻給了「以核養綠」。和她一起回顧、整理這段心得的過程中，我感覺彷彿也提醒了自己莫忘初衷。

科學終將勝利，但可能還需要一些時間。

因為在乎下一代，所以我們站出來

可以不要
讓自己變成
一個冷漠的
大人嗎？

超認真的正妹藥師

新美

　　印象中在國高中、大學時期，總會有朋友問我以後要不要結婚、生小孩。特別是同為女性朋友，每當討論到這種話題，總會聚集些人、互相分享自己的看法。

　　隨著年齡漸長，這之中有個對我而言很重要的問題：「我的孩子未來即將面臨的環境，適合生存嗎？全球暖化、氣候變遷、物種滅絕、糧食短缺……等。會不會我們把他／她帶來這個世界，卻要面臨到許多我所無法想像的困苦呢？小孩會不會因而抱怨我把他／她生下來？」。

在 2018 年「以核養綠」公投如火如荼進行的過程中，我跟交往快三年、隔海遠距的前男友分手。當時，我對上述的問題有些迷惑，所以詢問幾個人的想法。其中有人回答：「有小孩才有希望啊！說不定下一代會有解決的方法」，這點醒了我，對！或許我們以及後代們，能為這樣令人擔憂的未來做點什麼。

在這樣的想法下，我剛好遇到了現在的男友，他分享了許多我以往不知道的知識，或是從未涉獵的領域，讓我很是驚喜，跟他聊天，我總要多開幾個視窗 Google。核能相關的知識就是其中之一，我們聊了能源、核能的原理、機組設計、國際趨勢、臺灣的核能爭議。我曾經對他感慨過：「如果因為無知而一直活在自己的世界，會造成很多不必要的紛擾與誤會。」我們對於擔憂的事情，確實應該去尋找解決方法。所以就在 2019 年初，我認識了「以核養綠」，也參與了幾次連署活動。

我是藥師，在工作上也會遇到一些需要闢謠的狀況。例如有位病患，血糖控制一直很不理想，從醫師、護理師，到負責調劑 / 發藥的我，都對他進行過多次衛教，以他的狀況，如果血糖不能控制好，之後需要洗腎的機率就會增加。但他常常抱持著「西藥傷腎」的錯誤觀念，不願意好好服藥並且改善生活習慣。醫護人員無法強制病患接受治療，只能循循善誘，盡力讓病患獲得最好的治療。要維持健康，還需要病患本人「積極主動」地了解自己的健康狀況。

感謝理性的年輕朋友願意花時間多了解連署的訴求，當天也有許多志工們在一旁為願意停留久腳步的人們說明連署內容

同理，如何查詢並辨明資訊的真偽，最重要的也是要靠自己願意去關心、去主動了解。連署時最常聽到的「核電廠會爆炸」、「核廢料放你家」，對我而言，就跟「西藥傷腎」一樣，是沒有依據又讓人顯得格外可愛的言論。其實游離輻射與各種藥物一樣，會不會有傷害，關鍵都是使用方式與劑量，各種能源與科技的利弊關係也是類似的概念。這些問題很多人擔心沒錯，但極少看到有人做足功課來討論相關的事件如何發生、如何避免、又如何解決現有的問題。

　　在街頭連署時確實會遇到一些不願意把事情搞清楚就來嗆聲的反核人士，我想沒有人有義務去面對這種無理的謾罵。即使照現在的非核家園政策走，電價、物價漲了對我的影響也還在尚能應付的程度。倒是以前跟著大學社團到偏鄉義診、家訪，走入社區所見的弱勢家庭，就令人擔心了。如果電價、物價壓縮了他們的生活費、就醫費用、小孩教育經費，致使他們疲於工作賺錢而忽視身體健康，那我讀研究所想研究的預防醫學對他們而言還有意義嗎？

　　所以我很佩服其他「以核養綠」志工的精神，願意站上街頭連署，遇到有疑惑的民眾也會大方分享相關的科普知識。就連下雨天他們還是上街連署，甚至雨勢突然變大了，第一件事也是保護連署書、避免淋濕，然後才想到為自己遮雨。相較起來，我可能不算很認真的志工，比較像跟男友去連署的小跟班。

而有時候，也會有一些很可愛的畫面。印象很深刻的是一對大約 70 歲的老夫妻，先生挽著太太的手，遇到我們停下來連署。奶奶表示她的虎口開過刀，寫字有困難，本想著沒關係，那就寫爺爺那份就好。但奶奶還是堅持要寫，一筆一劃的，慢慢地把自己的名字寫上去，一旁的爺爺雖然有點大男人地說：「妳不要寫。」但還是把自己手邊的連署停下來，跟我們一起小心翼翼地看著奶奶寫字。奶奶寫到身分證字號時，不小心把一個數字寫太小了，就像小朋友剛握筆寫字一樣，手還沒辦法控制握筆的力度。一旁的爺爺看到趕緊說「妳不要寫了，給我寫」，於是奶奶又拿了一張重新簽了名，後面資料都交給爺爺完成；奶奶在旁邊嘟噥以前寫字不會這樣的，她會寫，只是虎口受傷沒辦法寫，但還是在一旁看著老伴幫她把資料補齊。在一旁看挺感動的，一來是感謝他們願意連署支持，二來是這對老夫妻的互動，雖然嘴巴會互相鬥一下，但從一些細節又可以看到兩人感情真的非常好。也許以後看到這篇文，這會是很值得回味的一段。

許多志工們都會在簽連署用的寫字板背後貼上標語，沒有人簽時就拿著招攬用，簽好的、空白～等物資就放在隨身提袋中，遇到午後陣雨志工們都是先幫正在連署的民眾擋雨、保護連署書呢

　　「請幫忙連署『以核養綠』公投、『重啟核四』，利用乾淨的核電，減少空污，減少火力發電，減少二氧化碳排放，救救暖化中的地球」——這是我在街頭呼的口號，可能聽來不是這麼的動人，但這段話已經是我喊得最順的一句，或許這就是我心中最想告訴大家的話吧？每個選擇上街連署的志工，背後肯定有他／她不同的經歷，因此口號也都不太一樣。但我相信，每個人都希望下一代能夠有機會親眼看到北極熊、企鵝，也有機會看到乾淨的天空、漂亮的景色，而不是透過生態紀錄片、模型、玩偶，想著以前的空氣多好，以前的氣候有多怡人……有一次連署時想到這些，正好看到一位媽媽牽著的小女孩，背著一個可愛的企鵝背包，但有點可惜只有那位小女孩轉過頭來看看我。不論公投的結果如何，我們目前面臨的問題，需要更多人關心、好好地面對科學、尋找解決的方法。所以，可以不要讓自己變成一個冷漠的大人嗎？

退休是當志工的起點

臉書粉專、社團「臺灣媽媽氣候聯盟」創辦人
退休媽媽

Jessica Lu

　　就在陸漂回台不久，我才正興致勃勃地規劃退休後要去國內外哪裡旅遊、未來生活要如何安排，好過得充實又自在時，卻在那時，2018 年中，開始關注了「以核養綠」公投。當時的公投案非常多，我都有一一加以深入了解，但是這個與能源有關、感覺與我最不相關的公投 16 案，「以核養綠」，卻吸引了我一路的額外關注，現在想來真是莫名的緣分。

　　因為我很訝異，這是一個沒錢沒勢又沒人的公民團體，領銜人很年輕，我從來沒聽過他，但是各路政治大咖都很關注與支持這個公投 16 案。好吧，我是因為知道馬英九總統親自去當志工，所以開始去了解這是啥公投。當然，我不會盡信政治人物，而是經過資料的搜尋與獨立判斷的過程，進而決定支持「以核養綠」的理念。我的做法是分別去了解正、反兩方的理論依據和主要訴求，尤其是反方的，或是我比較不同意的那方，等確定反方的依據都站不住腳時，才會堅定地支持正方，反之亦然。

但是「以核養綠」推動的第一次公投，也就是第 16 案，我完全沒有想要當志工的念頭，總覺得這種事怎麼會輪到我來做。我一輩子當白領，上班都在冷氣房，有太陽一定打傘，能坐計程車就不會走路，也十分討厭戶外運動、流汗的感覺，只有公司舉辦戶外的家庭日、園遊會時才會勉強參加。所以我只是一位很關注該公投的連署人與支持者。

　　但是當公投過關，政府卻賴皮，甚至送出核四燃料棒時，我瞬間覺得憤怒不已。可能因為長期在大陸工作，對國內政治的奸巧聽聞太少，也可能因為之前外商的工作環境，比較多實事求是、合規守法的態度，因此對於政府在公投後的做法產生了巨大的不滿情緒，覺得一個政府怎能這樣漠視一個公投結果，尤其是由公民老百姓所發起的，他們花了多少金錢與時間才成案的啊！所以當我知道「以核養綠」要徵求第二次公投的志工時，就一股腦地去報名了。

　　於是，一個喜歡優雅地坐在高檔餐廳喝下午茶的熟齡女士，變成了街頭喊著口號、快速分發連署書、協助高齡伯伯填寫個資、無視反核年輕人對我比中指的街頭志工阿姨。這個改變，不能說不大！但是沒想到，這個退休媽媽的奇幻漂流處處充滿驚奇，也沒有很快結束！

感謝每一位在繁忙的捷運站停下腳步連署的人,除了要挪出時間,更要把個人資料留給沒有證件的陌生人

站上街頭有太多奇妙的經驗。有一天我在家附近的捷運站募集連署書時,遇到一位住在附近但很久沒見的大姐的姻親。他驚訝地問道:「妳怎麼在這裡?」我知道他心裡真正的 OS 應該是:「妳不是在大陸有很好的工作,怎麼現在淪落到在做工讀生?」雖然我後來有解釋,但是當時這種尷尬的狀況對初上街頭拉人連署的我而言,是一個極需要克服的心理關卡。但是,沒想到這個關卡很快就被我跨過了。

一回生,二回就很熟了。我開始很習慣對我完全不理不睬的過往行人,默然地從我的前面走過,即便他們多數都有聽到我在尋求連署的聲音。我體會到了這個讓我熱血沸騰的議題,對很多人來說,是完全無所謂的事。這其中年輕人還佔大多數呢!此外,看到一張張冷漠的面孔,我也開始懷疑,臺灣最美麗的風景是人,這句話的真實性。

其實有時候我也不能怪路人的冷漠,志工沒有工作證明或名牌,僅著一件印著「以核養綠」的背心,那種你隨便都能買到印著字樣的背心,一群年齡從 20 幾歲到 60 幾歲的志工們,在詐騙橫行的現在,理直氣壯地要你填最私密的個資,不理睬我們好像也是有道理的,所以有時我也會感到不好意思。一位約莫 60 多歲的東區男士在跟我聊很久之後,終於填了連署書,並且告訴我,因為我看起來還挺可靠的,所以才願意連署,我聽了真的很感謝我媽把我生個老實樣,間接幫助我們募集到不少的連署書。

在街上每天面對著形形色色的連署人，其中也有令我震撼的瞬間。一位中年男士在連署完之後，跟我說他就是得了肺腺癌，對於比較乾淨的核能被優先排除於能源政策之外，他深感氣憤。他臉上哀傷、憤怒、失望的神情，並沒有隨著他與兒子的背影消失，它至今還烙印在我的腦海裡。我用理論說著碳排、空汙、PM2.5 的危害以及第三方的死亡數據，但是那時我身邊沒有罹患肺腺癌的親友，而今天一位患者在我面前填了一份連署書。我知道我在做對的事，但是那天的感受特別深刻。

　　最像八點檔的連署經驗，是發生在一個捷運站出口，洶湧的下班人潮、高認同度的路人讓志工收集到的連署書越疊越高，正是難得「生意」興隆、志工情緒高漲的豐收之夜。一名頗具名氣的直播主還來幫我們的活動做直播呢！卻被一位反核大嬸刻意鬧場，除了毀謗、威脅、吼叫，還硬是要找警察來說要告我，只因為我為了保護自己及現場志工，用手機在錄影。我知道她的意圖就是不想讓我們的連署活動繼續下去。這樣霸道、不見容對立意見、不尊重、失禮儀的種種醜態，也讓我改變了三觀，並且再度懷疑「臺灣最美的風景是人」的真偽性。

可能是第一次的公投太成功吧，政府竟然把公投與大選脫了勾，2019 年底連署完成的核四公投，要等將近兩年才投票。試問有哪個公民團體能夠在兩年裡維持全國對一個公投議題的熱度呢？這種近乎凌遲的做法，民主的限縮卻沒有引起臺灣年輕人的絲毫憤怒，因為當時他們正熱烈地隔海支持著香港的「反送中」運動！這是我回臺灣之後，對年輕人最感失望的事情。

　　為了不讓民眾對此公投議題降溫，我成立了一個臉書社團「媽媽挺核聯盟」，現已更名為「臺灣媽媽氣候聯盟」。這個社團主要是針對一般的媽媽，以淺顯易懂的方式來探討能源問題。為了增加內容的可信度，我每天都會搜尋國外有關能源，尤其是核能的最新消息，好讓社員知道國外的狀況，知道挺核並不孤單，知道國際核能的趨勢或是困境。長年在外商工作的我，深知全球資訊的重要性，並且把它當成了社團的一個特色。原本只是小打小鬧，沒想到三年多下來，也有了將近 6000 名的社員。

　　為了吸引更多的人加入「媽媽挺核聯盟」社團，我們還推出了不少直播節目，邀請了不少對能源具有專業知識的朋友、先進來上臉書直播節目「媽媽的核能學堂」，為聽眾介紹能源的知識以及國際能源

清大葉宗洸教授來上我的直播節目

趨勢,進而探討核能對臺灣能源的重要性。非常感謝清大的李敏教授和葉宗洸教授、台大的王明鉅醫師、核四前廠長王伯輝、公投領銜人黃士修、「臺灣鯛民」版主廖彥朋、「哥老電力公司」版主 Alex、「説説能源」版主柏宇……等人願意來上這個地方媽媽的直播節目,用淺顯易懂的方式做能源科普。這些直播影片都有上傳到 Youtube,附有字幕,讓有興趣的人可以隨時觀看、分享。

「媽媽挺核聯盟」也有幸跟台大醫院前副院長,王明鉅醫師,以及核四前廠長,王伯輝廠長,一起推動一項網路連署,呼籲政府應該立即恢復開放核四參觀,好讓社會大眾在公投前能夠親眼見證投資了2800 億的核四廠,是不是真的是一個如「豆腐渣」品質的「拼裝車」!雖然網路連署非常地踴躍,但是這些民眾的聲音,還是在紛擾的總統大選前夕,被刻意地無視與淹沒了。

「媽媽挺核聯盟」也常常會支援另一個支持核能的團體「氣候先鋒者聯盟」,他們幾乎每年都會在台北舉辦一場規模較大的挺核活動「Stand Up for Nuclear」,與世界挺核團體在同一個月份站上街頭,呼籲民眾正視核能對延緩氣候變遷的重要。我們在 101 大樓以及自由廣場所拍攝的影音紀錄,在全球核友間也頗獲重視。

在日本發生福島地震海嘯導致核電廠事故後，日本民眾對核電的恐懼增加了，而日本核能學界多年來也一直苦思如何在逆風中為核能「平反」。他們甚至還來臺灣「取經」，對臺灣竟然有民眾出來做志工上街挺核，他們覺得不可思議，因為日本人是很冷漠的。我與幾位志工受到李敏老師的邀請，與日本核能界非常資深的訪客分享和溝通彼此的經驗，對原本無心插柳做志工的我而言，這難得的場景會成為我人生一個很有意義的片段。

回想這幾年在街頭做志工時，反核人士最令我印象深刻的一句話就是嗆我們「以核養綠」的志工：「難道妳們沒有小孩嗎？」這真的讓我啼笑皆非，一來，在場的多位志工都是媽媽也都有小孩；二來，我們就是因為有小孩所以想要推廣乾淨無碳排的能源，好讓大家的小孩未來都有更乾淨的空氣，以及不被極端氣候破壞的環境。我們研讀了中外各種科學資料，但是請問反對的你，你真的讀過具有可信度的資料嗎？還是只是人云亦云呢？

以上這類的對話有很多，這讓我懷疑臺灣人獨立思考的能力、正反面解讀的能力以及不被政治影響獨立判斷的能力。這也讓我開始思索公投是否適合在這塊土地上實行的問題。而這些問題在以前根本不在我的關心範圍之內。透過擔任「以核養綠」的志工，讓我在解讀各種社會議題時，增加了更多思考的維度與分析的方式。

第二次公投也是非常「戲劇性」地結束了，很慶幸我用成熟平穩的心態來坦然接受這荒謬的結果，我的 EQ 從來沒有這麼高過，面對自己投入了三年多的志業沒有成功，卻沒有讓自己耽溺於憤怒或悲傷的 EQ，我又超越了自己。

　　但是，我的志工之業卻不打算結束。老子第八十一章提到「聖人不積，既以為人己愈有，既以與人己愈多。」雖然看似我付出了很多，將近 80 幾場次的街頭連署活動，三年多的臉書社團經營，但其實收穫最多的是我自己。非理科專業的我，仍會繼續「斜槓」用心經營「臺灣媽媽氣候聯盟」的臉書社團及粉絲頁，繼續讓核能科普在社會各個角落發芽，因為胡適說過：「要怎麼收穫，先那麼栽。」與其抱怨教改害人匪淺，不如自己捲起袖子開始下田播種。做了志工，讓我退而不休。

與來自花蓮、基隆、台北、桃園、台中的挺核同志齊赴核四廠直播呼籲開放核四參觀

同理心為起點的核能科普，終會看見

臉書粉專 - 說說能源 TalkThatEnergy 總編輯

陳柏宇

用不一樣的方式推廣核能，以我們為名的小說，因為相同的信念、一樣的感動而雋永

當理性結合感性，科普便能更有彈性

多虧公投，我才有機會大玩特玩能源。如何說服人們支持核能？不斷地科普，授予閱聽人知識是必要的，但過去（大約 10 年前）核能在科普上靠的多是找專家學者出書、寫文章、辦論壇座談會，光靠講課式的科普往往讓人意興闌珊，何況出現在這些科普場合的內容往往是重複的論述，已經無法吸引不一樣的客群。講白一點，就是過往臺灣支持核能的群體在行銷核能是失敗的，也無法因應時代潮流。

這一切在「核能流言終結者」與「臺灣鯛民」等社群興起後有相當大的改變，藉由正反雙方的交鋒帶起議題熱度，科學語言結合網路與鄉民語言，再透過社群媒體的傳播，臺灣民間支持核能的力量彷彿第一次凝聚起來，不得不說，這對於認真蒐集知識，想了解議題的中立民眾、能源小白相當有幫助，我早期踏入能源公眾議題時也獲益良多。但總覺得還少了一些甚麼，仔細想想，許多人反核抱有害怕、憤怒、懷疑的情緒，多半是感性訴求，反核團體可以透過粉專、漫畫、演唱會、展覽、文創產品行動藝術來行銷，支持核能的一方又何嘗不可？

以不一樣的載體來說核能

從經營粉絲專頁「說說能源」開始，每篇文章，每段文字，每張圖片，每支影片，我都希望可以更柔軟地將乏味的知識結合更多不一樣的元素，以不一樣的載體向大眾述說核能的有趣、核能的好，進而擴大支持核能的群眾。多虧公投，一路走來我和身邊夥伴嘗試了許多不一樣的事，製作了「以核養綠」T-shirt，將自己熱衷的事物自豪地穿在身上；舉辦了核廢料工作坊，與來自各地的朋友討論核廢料的技術與政治困境；前往福島旅行，與專業團隊拍攝了點閱率破百萬的影片，還受到日本電視台的採訪；也舉辦了臺灣首度由民間團體自己籌備的核能科普展覽《說・信：從核說起》，規劃將科普融入藝術作呈現的展場空間，讓民眾可以自由參觀駐足，邀集生態學者、醫師、民意代表、核電廠員工、社區居民、爸爸、媽媽來分享他們與核能的故事…… 還有，你正在閱讀的這本書，關於我們的故事。

往回看，很多事情在資源與時間的壓力下，無法完美，也不確定影響的人與被我改變想法的人有多少，卻也感謝自己一股腦地做了各種嘗試留下了種種回憶，證明了核能知識的傳達可以很有趣。但不管哪種嘗試，我想我最喜歡的還是最簡單的方法，面對面聊聊，分享彼此對於議題的看法……

走入人群，聆聽他 / 她的故事

　　2018 年，因為考上研究所來到了台北，在內湖兼差，在中和居住，原本單調的生活，在那年夏天，從台北車站、101 信義商圈、公館商圈、臨江夜市、四號公園再到台北動物園與西門町，我們是學生、是上班族、是家庭主婦、是醫師、是工程師、是爸爸媽媽、是爺爺奶奶，素昧平生的人們，因為核能、因為「以核養綠」公投有了連結。

　　而那年夏天，覺得自己滿可愛的也滿勇敢的，可以拿起簡單的手板在街上就開始與路過的民眾攀談，拿起大聲公一而再，再而三地重覆「以核養綠，給你好空氣，以核養綠，給你穩電力……」等等口號，過程中得到很多人的肯定，也遇到不少人的叫囂，但每收回一張聯署書，每發出一張文宣，當下的感動不言而喻。

　　印象最深刻的，大概是我在南京三民捷運站口宣講時，有位年紀與我相仿的女生興奮地跑來連署，看著她邊填寫資料，我問道：「妳是三芝人啊！那你知道核一廠嗎？」，「當然阿，我就是領核一廠獎學金長大的ㄟ」她回，「妳身邊的人對核一廠或對核電有甚麼想法阿？未來」我接著問，「就是好鄰居阿，而且我滿多家人在裏頭或附近工作的，小時候我也常去核一廠參觀，我進核電廠的次數一定比你還多，雖然當時的我甚麼都看不懂，但就是覺得很厲害。媒體上很多批評核電的消息，但附近的居民在我看來都和核電廠是好朋友阿」，她繼續和我分享與核電廠的回憶，是阿，多虧她，我才真的知道也有不少人對核電廠感激在心，除了她之外，過程中也再遇到幾個家住核電廠附近的民眾，是阿，正如那位女生所說，核電廠也可以是好鄰居而不是鄰避設施。

核能如同性別需要更多元包容

「以核養綠」公投舉辦之際，也有不少其他公投在舉行中，但很明顯在臺灣討論議題時總有幾個議題被綑綁，例如挺同反核廢死台獨大概是最常見的同捆包，我支持婚姻平權的立場很明確，支持核電的立場也很明確，為了擴散同溫層，我帶著勇氣參加當年的同志大遊行，如預期，現場真的看到反核團體的文宣散落四處（包括垃圾桶），反核團體看到我舉著「以核養綠」的手牌便向我叫囂，我和朋友也默默離開……

但我始終相信同志、核能，兩個看似不相干的議題上，都面臨刻板印象與歧視的問題。媒體上，某藝人的感情風波，異性戀或同性戀都可能出現的感情事件，只因為加上同志兩字，在媒體上的渲染效果可以更強，間接導致同志的汙名化。類比到核電廠與其他發電方式，核電廠與反應爐完全無關的電器設備如果出事了，就會被大肆炒作，彷彿輻射已肆無忌憚地外洩，一般電廠的電氣設備出問題在部分環團眼中只會被當作一般工安事件……性別與同志議題強調多元與包容，其實能源也是一樣，只要先拋開意識形態，花點時間了解彼此，一切就會很不一樣。

支持核能，源自同理心

從 2016 年粉專經營至今，我很幸運自己有能力為臺灣的能源科普做些什麼，也在過程中認識很多有趣且厲害的人，即便也會感嘆自己有很多沒能達成的事，但我想我沒有愧對我核工概論教授的教誨 "Use the right knowledge to do the right things"。

坦白講，自己為何支持核四？我的答案未必那麼工程，那麼科學，終究還是感性出發多一些。最近黃士修被罵沒有同理心，呵呵，我支持核四的緣由就是起於同理心。

我大學唸的是成大能源，在四年期間，我唸了好多力學，也修過燃燒學、太陽能電池、風力發電、電力系統、燃料電池、鋰電池製程……以及核工概論，也是因為這多元的學習歷程，我對於各個能源領域的工程都有所涉略。

　　總會想，每個人都在各自的領域去貢獻自己的專業，扮演各自角色，合力讓我們有能源，有電力可以使用，為何僅有核能被污名化得如此嚴重？如果我們沒有正確公平地看待每一項能源，今天如果鬥完核能？下一個被批鬥的就不會是太陽能或風力發電嗎？而這樣的想法，在我參觀過核四，參觀過其他核電廠，到核電廠打工換宿以及在街頭宣講核能宣傳公投時聽到眾多人的分享後，更覺得如此。

　　而我所認識的、接觸到的核電廠工作者，乃至所有台電員工，縱然會對工作內容，對長官有所抱怨，但對於自己所負責的項目，無不兢兢業業，每個人都在用自己的專業為我們的生活品質做出貢獻，當然有些人也未必那麼偉大啦，畢竟討生活領薪水的也有，哈哈。從王廠長，到給我照片，給我核四重啟規劃的工程師都一樣，絕對沒有人會希望自己投入青春汗水的成果，落入別人口中謀財害命的東西，因為同理心，因為感同身受，我不希望他們一群人的努力化為泡影。當台電下架「述說龍門」和「核能月刊」，甚至派出主管否定核四成果，執意讓一段歷史被抹去時，我憤怒到極點。

　　國際趨勢下，因為能源與氣候變遷的需求，核能將持續扮演不可或缺的角色，也因此有些國家，即便短期內沒有核電廠的建置規劃，仍積極地培育核工人才，除了生活的各種面相需要核能外，也為了未來該國選擇建置核能電廠時做最好的準備。《說・信》展覽過程中，我也遇到一位阿姨跟我說她的兒子唸的是清大原科院，在國外唸完博士，但因為覺得臺灣的能源政策下他無法

貢獻所學，她就叫兒子待在美國就好，畢竟他也已經找到一個不錯的工作，不過那阿姨也因為兒子不在身邊感到失落。我想，做為大人或政治人物，都有義務確保下一代可以盡可能地追求他們所愛，盡可能給他們舞台發揮，如果今天因為謠言、因為抹黑而影響他們的夢想、澆熄他們追求理想的火苗，我想那不會是我們任何一個人所樂見。

核四、核電的好處我已經沒有必要再多說，我想大家更該了解，臺灣能走到今天，所有我們習慣的生活是多得來不易，每一個大型公共工程，篳路藍縷，以啟山林，更有無窮的生命，龍門電廠犯錯過，但它背後的團隊勇於認錯，不怕重來，牆有一處裂了就全部打掉重蓋，管線有一處亂了就全部重拉，每一次的工具箱會議，每一次的指令呼喚，都讓龍門核安文化得以形塑。

當年，因為社會反核氛圍，為了給員工打氣，外頭立下了 HOPE 幾個字母，希望，只要繼續做下去，就會有希望。如今幾個字母也隨著員工陸續調離而撤除，但人還在，設備還在，你的信念也還在，只要我們將四散各地的力量集結起來，希望就會回來。

核能科普，方興未艾

最後，真的要感謝這幾年來，從「以核養綠」公投到「核四公投」，一路上遇見的所有夥伴，沒有人是專職搞社會運動的，在街頭上的彼此打氣，中選會前的群起激憤，信義路邊整理連署書邊與狗狗玩的時光大概五十年後我還會想念，但不確定自己是否還能再來一次。推廣核能真的很不容易，教育更是百年大業，科普或與民眾溝通的路上還有一大段路要走，不管臺灣未來是否持續使用核能，為了守護那份曾經付出的汗水、為了延續那份追求知識的火種，再辛苦也值得。

祝福臺灣，以及過去、現在以及未來有核能夢的所有朋友。使用核電確實跟打開潘朵拉的盒子一樣，要面對許多的挑戰與妖魔鬼怪的攻擊，但這些都經歷過後，最後看到的，留在盒（核）子上的就是希望。

2014 年 3 月 8 日這天，是我第一次對核能表態

做兒女的
榜樣

國小老師
女王

　　我是一名國小老師，曾經在北海岸的學校工作，在這距離家鄉遙遠的地方與核一、核二廠美麗的相遇，比鄰而居三、四年，此期間，班上不乏在核電廠工作的家長，所以核電廠對我而言並不陌生，而我也一直支持著核能。

　　記得小學時，社會課本敘述著十大建設帶領國家走出能源危機，加速了當時的經濟及社會的發展，並對臺灣經濟起飛產生巨大的貢獻，這十大建設包含了第一核能發電廠，之後的第二、第三核能發電廠陸續加入國家十二大建設行列。在國家經濟發展迅速的情況下，電力的需求也持續提高，因此第四核能發電廠誕生了。到現在，我不曾懷疑過核能對於國家的貢獻及重要性，但這偉大的建設在 1986 年發生車諾比事件及 2011 年日本福島事故後，人們對於核能安全產生重大的疑慮，這也造成日後核四命運之多舛。

自從民進黨執政後，核電問題一直就是政治惡鬥下的犧牲品，當 2014 年「我是人，我反核」成為社會的主流民意之際，我站在反核遊行的隊伍旁，拿著手機紀錄下令人生氣的一刻，氣民進黨利用民眾的無知做政治操弄；也氣人們為什麼如此愚笨甘願被操弄而沒有自己思考判斷的能力？於是當晚將紀錄照片 PO 上臉書，寫下對反核遊行的不滿：「巧遇遊行，不用太認真，很多人都是政治意圖大於實質訴求！」

2014 年 3 月 8 日這天，是我第一次對核能表態。

　　之後的幾年，反核的聲音一直沒停過，常見商店裡掛著「反核，不要再有下一個福島」的旗幟，這個令店家引以為傲的口號，與店內開著強大的冷氣形成強烈對比，不要核能卻一直浪費電，這樣的邏輯不禁令人莞爾，對於這種被信仰壓縮理性的店家，我一向是拒絕消費的。反核聲浪雖然高漲，社會氛圍幾乎是一言堂，但無法阻止我挺核的決心，2018 年在「以核養綠」公投連署的號召中，我毅然決然地投入了志工的行列，這是我第一次站上街頭捍衛自己的理念。

「廢除《電業法》第95條第1項」是「以核養綠」第一個推出的公投案，而北投捷運站是我拉連署的開始。現在回想起來，也不知哪來的勇氣去跟不理我的路人鞠躬哈腰拜託簽連署書。記得一個週末的下午，連署的「生意」很差，耳邊隱約傳來呼喚我的聲音，東張西望後發現是一位家長在叫我，她從遠遠的馬路邊跑過來，氣喘吁吁地說：「給我一疊，我拿去給我先生和他的同事簽！」拿完空白連署書，她又匆匆地跑回停在路邊的機車，走時不忘回頭說：「我在群組幫老師喊一下！」沒一會兒功夫，真的有幾位家長在群組看到消息，紛紛跑來捷運站幫忙連署，邊簽還邊罵無良政府。收回家長的連署書，心裡覺得好感動～我們這些志工收集連署書的願望總是這樣樸實無華，只要有人願意簽，就令我們雀躍不已！

　　在北投捷運站站了幾次，遇過一些家長，有的是自己班級的，也有的是別的班級的，四目交接時，我也沒勇氣拿連署書給他們簽，總是跟家長面面相覷，彼此不知如何是好，之後到 2019 年拉「核四商轉」公投連署及 2021 年催同意票，整個過程我都跑

其他捷運站或連署點，大安森林公園、國軍英雄館、捷運台電大樓站、新店站、台大醫院站、市府站、微風廣場……哪裡需要志工就往哪裡衝。遠離北投站主要是避免遇到認識的人而尷尬，另一方面也是因為擔心被投訴 1999 專線，因為當核四問題政治化，就變成校園不能碰的議題，沾染到的就隨時要有被家長投訴的心理準備。老師們戲稱被投訴為「1999 吃到飽」，只要被投訴，肯定是吃不完兜著走。

　　我們常自嘲是負時薪志工，在為核四奔走的日子，沒有人給我們薪水，志工都是自發性花時間出來站點，並且常常自掏腰包製作軍備。志工的軍備五花八門，有手寫或自己印的看板、背在身上的 LED 行動看板、宣傳貼紙、鑰匙圈、悠遊卡吊飾等；還有志工製作象徵環境指標的熊頭頭套、大鳶頭套；宣導「核能救地球」的雨傘、T 恤；更有志工為很少接觸核能知識的媽媽們科普，在 FB 創立了粉絲社團，為了宣揚核四，志工使出渾身解數，無所不用其極。在 Line 的挺核群組更是熱鬧，任何需要的時候，只要有人在群組登高一呼，大家就會團結一致的跳出來。記得當時為了讓公投十七案成案，需要手摺五十萬份空白連署書，大家立刻自願認領，以最快速度結合親友家人，在各個角落摺連署書，咖啡廳、自己家裡、工作場所……還有一位志工一邊看顧病人一邊摺連署書呢！

謝謝每位支持的人

　　2019 年拉「核四商轉」公投連署是艱辛的，志工們經歷了 2018 年公投第十六案的傾全力投入，此時身心已疲憊不堪，真的累了，但為了公投十七案成案，很多志工還是打起精神，下班後或週休努力設攤拉連署，雖然跟 2018 年志工人數差很多，但大家為了理念堅決不放棄。許多志工也自發性地將 Line 頭貼換成「核四連署請找我」字樣，幾位同事就是因為這樣跑來找我，甚至索取空白連署書回家給親友簽，這些在教育工作職場都只能低調行事，拿空白連署書給同事時，還得用牛皮紙袋夾藏掩護，偷偷摸摸、交頭接耳，這些行徑常常讓自己有在做什麼見不得光的不法勾當的錯覺。

志工的標配：
看板、連署書、北極熊袋

　　慘澹的「核四商轉」公投案終於在韓國瑜先生支持者大力幫忙下成案了，接下來的路途才是坎坷的開始。蔡政府為了鞏固自己非核家園的幻想，在公投前做盡不公不義的事情，令人髮指，舉凡：動用行政資源及假消息不斷混淆視聽；將意識形態巧令名目深入校園；全力動員黨政媒體洗腦民眾；操作「抗中保台」、渲染「恐共劇本」引發人民不安……猶記得王廠長的一句話：「造謠一張嘴，闢謠跑斷腿。」這真的是志工的寫照，面對政府的瞞天大謊，空軍志工們忙著網路發澄清文、投稿核能科普、殺進異溫層戰飯盒（反核者）。陸軍志工也沒閒著，街頭宣講、舉大字報、挨家挨戶發宣導小卡……。

　　從投入志工以來，街頭上遇到的不友善從沒停過，公投十七案操弄成政黨對決更是如此。我們曾被不理性的反核者劈頭漫罵、比中指，也曾被指著鼻子斥問：「核廢料放你家？」；設攤時，被捷運站員工刁難，更被路人瞪眼挑釁順便罵句神經病……這些都是志工的日常，已經可以集結成冊寫一部血淚辛酸史了；但溫暖的人也非常多，送吃的、送喝的、加油打氣的、噓寒問暖的、同仇敵愾的……這些陌生人的雪中送炭是志工前進的強大動力！當然，做榜樣給兒女看也是我做志工的重點之一，兒子曾經開心地傳 Line 告訴我，說他撐著「核能救地球」的北極熊傘走過一群穿著民進黨外套的人面前，言語之間透露出些許興奮之情，雖然最後還是很尷尬地說那些人根本沒看他，但我很開心讓兒子體驗到什麼叫不畏強權！

2021 年的公投結束了，小蝦米耗盡所能，終究無法與大鯨魚相抗衡，不同意「核四商轉」的公投票大於同意票，開票當晚，所有挺科學、挺核能的人心情想必沮喪至極。雖然我們面對的是不如預期的結果，但誠如李敏老師說的：「我們可以失望，但不可以絕望！」眼前的路肯定充滿荊棘，但想想從 2011 年充斥「我是人我反核」、「不要再有下一個福島」的社會氛圍，到現在有幾百萬人選擇相信科學、相信核能，足見志工的努力是有成果的，我們肩上的責任還很重呢！很開心的是，在這三年的志工路上，認識了很多志同道合，共同為理念站出來的朋友，我們在李敏、葉宗洸等教授及王廠長、黃士修領銜人的號召下，站在街頭大聲疾呼、衝進殺出，培養出了不同於一般的革命情感，跟大家一起並肩作戰，我感到非常榮幸！現階段，我們各自回歸生活，或許養精蓄銳，或許繼續科普，等待有朝一日核四重啟時，我們可以大聲地告訴眾人：

「我們為她努力過！」

愛家愛國的好爸爸

為了給兒子
好空氣

志工的定心丸
大業哥

　　我是一個過敏體質小孩的父親，空氣污染常造成孩子體質出現不良的反應，看著孩子因為異位性皮膚炎而拼命地抓癢，造成身體負擔，常常令我心疼又不捨。

　　我衷心希望我的孩子能夠生活在一個無污染的乾淨天空下，這也是我一路走來讓我堅持下去的動力。

　　2018 年，就在聽完了一場「以核養綠」的講座之後，我毅然決然決定要投入志工的行列，當然那時以為只有一次公投。但是後來的發展可謂是驚濤駭浪：中選會的打壓、領銜人的絕食、國際環保教父 James Hansen 的探訪……等，讓我原本以為只是在街頭拉連署的我，著實體驗到非常戲劇性、彷彿真人實境秀的公投活動。

　　在志工們眾志成城、一起努力之下，完成了不可能的任務，獲得 5,895,560 的得票數，公投贏了！當晚看到票數跨越公投成案的門檻時，雙眼就不聽使喚地落下眼淚，真不敢相信我們成功了，志工們都相擁飆淚。但是，原來這只是另一段艱辛的開始。

因為種種政治因素，黃士修又發起第二次公投時，我的反應是「天啊！又要來一次啊！」因為實在沒有預期到會有延長賽，我幾乎是咬著牙在奮力地撐著，心裡也有非常多的不甘心。

老婆十分注重家庭時間，兒子當時也正處於大考前的衝刺階段，如何能在有限的時間裡擠出上街拉連署的空檔，是我那半年最艱鉅的拉扯。每次下班後要上街去拉連署前，總要先安頓好家裡：洗碗筷、倒垃圾、切水果……等。有一次為了趕時間，把家裡垃圾帶了出來，同行的另一位志工就讓我把垃圾交給她，她負責帶回她家的社區處理，好讓我們能把更多的時間留給上街拉連署上，真是讓我不好意思又好感動。

有一段時間志工很少，但是台北總是有三位志工依然堅持每天都到各捷運站拉連署，真是讓我由衷地佩服。有些志工會提到如果有我跟他們一起在街上，他們就覺得特別安心，其實他們不知道，因為有他們一起，我才能連著三年都堅持出來幫忙；因為有他們的讚美，我才更起勁地賣力在街頭推廣。

最讓我印象深刻的連署經驗，就是有一次藉著一場三重的大型選舉造勢活動來辦連署的那次。**當我正忙著在活動開始前搬運物資的時候，接到我的麻吉突然逝世的消息。**當下我感到非常的震驚與悲痛，雖然想趕去了解事情的狀況，但是也不想放棄籌備很久的連署活動與將可收到可觀數量的連署書，內心感到十分的掙扎。但是我想到我的麻吉也是十分支持我們的連署活動，兩天前我還跟他借來了大型帳篷好給志工遮陽，相信他一定能體諒我為了完成期待已久的目標而留下來與夥伴一起來迎接大量連署的人潮。我很想跟他說：「世榮，謝謝你對我及『以核養綠』的支持，希望你在天堂一樣快樂、幸福與美滿。」

第二次的公投在戲劇性方面，也沒有輸給第一次：先是被「脫鉤」大選投票，後來又因疫情被延期舉辦，原本是孤零零的公投案，因為有其他高關注度的案子也跟著被大眾所關注。當然這種「關注」對我

們來說是反科學、是抹黑、是造謠。這讓我們在街頭的任務又更形艱鉅了。一種無力感偶而也是會浮上心頭。

第二次公投沒有過關，雖然也有預期，但是對於公民的低參與度還是感到非常的意外與失望。經過這兩次公投的洗禮，我對事情的看法有了更全面的角度，我對科學卻是更相信了，科學不會被打敗，只是還沒贏而已。

自己的國家自己救，快來連署吧！

反核，就是反環保，

飯盒，就是反地球。

造謠出張嘴，闢謠跑斷腿！
貪吃＋強迫症的台北南區站長

叮哥

**「當初怎麼會出來挺核？」
我：「其實要感謝大腸花，因為
實在太討厭他們了」**

　　記得 2014-2015 年覺青像癌
細胞接連擴散到各種議題的時
候，尤其看到蔡英文競選團隊提
出的「能源白皮書」，我從不解、
嘲笑、傻眼到感嘆，原來政治、
口號早已凌駕傲慢又必勝於一切
實務之上，原來對於自己不了解、
甚至沒親眼看過的人事物，多數
人會選擇以鍵盤法官之姿，複製
政客滿口胡言，恣意藐視與踐
踏專業之實的恐懼行銷。那時我
才 第 一 次 google「核 能」，在
youtube 看完「能源豆問」和「三
分鐘科學」後，自然就挺核了。
從此常想起小學看「漢聲小百
科」，人民覺得電是「魔鬼」而
不斷推倒電線桿的真實故事。所
以物極必反，如果不是他們不斷
用情緒勒索科學，我也不會接觸、
進而努力「終結流言」。

會在這裡的，本來就不是正常人呀

在路上認識你們之前，我肯定與同溫層完全絕緣。「我這人很簡單，請你去除顏色，用邏輯、證據說服我」……於是我永遠都是「政治不正確」、臺灣價值負∞。記得當時吃喝玩樂照片動輒破百讚，推廣核能的文章……只有家人 3 個讚。那麼，既然太逆風而太邊緣，那就「闢謠走斷腿」→上街吧！於是在 2018 年 8 月 22 日看到陌生人 (飯盒萬磁王 & 主揪大人——何政修) po 文徵人一起去街頭拉連署後，就毅然決然站出來，成為了「負時薪志工」的一員。

我相信 99.99% 的人都難以置信怎能有人願意，天天在網路和現實裡被指著鼻子破口大罵，但還是不屈不撓地狂看資料、花自己下班和週末假期，風雨無阻地拿著自製看板在街頭罰站、鞠躬舉牌到全身痠痛、喊著「歡迎連署」、「記得投票」、「16/17 案投同意」~~ 喊到燒聲沙啞，還要保持微笑、耐心細心地解釋 (打臉) 反核所提出的那老掉牙的 1001 道重複問題。有時甚至會有路人比 FB 上千臉友更熟的錯覺，至少你願意開口，我才有機會讓你脫離政治、換位思考。

從不戴口罩的 2018 站到 2021 底，這是人生中走過極具意義、話說最多 (超愛回答路人疑問)、十分艱難又感慨萬千的一小段路

「妳剛剛說的真的感動到我了，可以錄下來嗎？」、
「謝謝……我會再回去想想 / 查看看」、
「這些麵包、水、飲料給你們，真的很感謝你們！」、
「謝謝你跟我說這麼多，今天真的讓我有全新的思考方式
……謝謝你們，繼續加油！（加上手勢）」……

　　甚至有反核人士連番質問，而在我一一回答後，她身旁的親友對我點頭如搗蒜，還拿出喉糖請我吃。還有在 2021 年 12 月 17 日，投票前的最後一晚，我們顫抖地站在晚上 10 點只剩 12 度的寒風中大喊「核四蓋同意，其他隨便你，我們不捆綁，這一票請相信科學！」，一位女生經過後轉身大喊「我～同～意！！！」……等等這些點滴瞬間，真的讓人欣慰又萬分感動，彷彿身體的痠痛疲憊都消失了一樣。

　　如果要說起這三年半的街頭故事，或是核能、核友所承受的腹背受敵跟各種奧步與冷漠，我想大家都可以吃上百千次飯、乾千萬次杯，一起笑爆無數夜晚。但這些辛酸苦辣都比不上核友們的相互協助與鼓勵，以及在親身感受到越來越多路人經過會比讚、喊加油、大聲支持，更尤其是反核人士在跟你交談後的立場或態度轉變的時候，真的再累也值得。

　　有位公民記者在街頭問我為什麼願意「逆風」？我說：「我相信凡事都有兩面，但你不覺得很奇怪嗎？這個政府只會說核能不好，卻不跟你說好的部分。於是我上網查了很多資料，發現根本跟那些反核人士說的完全不一樣。因此我出來只是想提供另一種聲音，希望大家像我一樣，不是為了支持或相信誰（我或者黃士修，還是哪個公眾人物），而是在知道更全面的資訊之後，你可以再審慎做出『你自己』的決定」。

人生第一次站在街頭超過 12 小時！從此便是家常便飯的
「負時薪志工」，把下班後的時間與精力全然奉獻在挺核上

所以到頭來，我的理由真的很簡單。我從來不覺得公投會過，我也不期望可以改變社會。我只是很單純地，腳踏實地盡力科普、無私分享我的所見所得與所學，和大家一樣無償支持科學、推廣核能，同時也希望支持核能／核四的人，可以不再害怕表達自己的心聲。我真的很常收到陌生人的私信支持，他們總是說我好勇敢、他們不敢「政治不正確」……而我總是回：「其實沉默的你們才是多數人，當願意開口的人越多，你也就不會再害怕與眾不同了。」

你的歲月靜好，是我們為你負重前行

　　其實對於這次多數人放棄行使公民權，以及無法抗衡被政黨砸破億轟炸跟造謠的事實……好像從 2018 年就沒什麼好意外的（笑）……只想說真的很榮幸能與神級的「負時薪志工」們一同並肩作戰，而大家的無怨無悔無薪無休，與這份革命情感，認真深刻也無以取代。雖然我們只是比小蝦米更小，大概是浮游生物的等級，但至少我們仁至義盡、問心無愧，到我們老了的時候，也不會忘記彼此曾經的付出與汗水。

　　而現在挺核千真萬確大於了反核，也證明了我們的點滴努力以及 2018 年「以核養綠」公投，真的有用。也至少還有 380 萬人，在臺灣未來可見的持續墜落（缺電跳電漲電價物價＋火力九成）中，可以笑著說：「我是輸給了政黨，但我至少曾經願意出來抵抗過」，並苦笑又揶揄地說：「曾經有份真摯的公投擺在你面前，但你沒有珍惜。」

This is the end of the last 3.5 years and the referendums of nuclear, but not the end of stand up for nuclear and science.

謝謝所有同意票，謝謝所有核友與負時薪志工，謝謝所有對志工比讚喊加油送食物飲料的路人們，謝謝黃士修、王廠長、李老師、葉老師、王醫生、朱大、不演了新聞台、和許許多多挺核粉專和大人物們，謝謝所有 po 文支持「核四重啟」的人，也謝謝有撰文提高可見度的媒體記者們。

最後的最後，讓我們相信科學終將勝利，雖然不知要到哪一年，一起 **#StandUpForNuclear 吧！**

無死角的標語只為讓你看見我、看見我們的能源危機。而最最感動就是身旁夥伴與從熙熙攘攘的人流中，不斷傳出的加油聲和比讚手勢，謝謝你們

曾經我反核四

流言，始於愚者

果爸之 3D 列印跟暗黑料理
桃園科技男

Michael

我是果姑姑，2010 年畢業於能源所碩士，且論文被國立博物館引用譽為專家。以上這段不是炫耀，而是懺悔。有這樣的背景，我卻還曾經說過我反核四，認為核四是拼裝機而不該運轉啟用。

連我都曾如此，那麼一般沒有相關背景的人民又如何正確地判斷是非呢？後來我所做的就是為了負起我應負的責任。

我從 2016 年加入「核能流言終結者聊天室」，發現很多與原先認知相差甚大的真實數據資料，於是我就開始反思。那些資料包括核四通過歐盟壓力測試、核電每兆度致死是所有能源最低……等。身為一個受過科學訓練的人，我也逐漸開始思考「以核養綠」在科學上的可行性及必要性。

單腳站立串聯活動——新竹站,用單腳表達現行能源政策的搖擺不穩

　　2018 年,看到了這樣一個沒有顏色黨派的團體,願意站出來提出「以核養綠」公投,頗有觸動,於是我便決定加入,這不只為了爭取人民權益,也是為了對自己受過的教育跟講過的話負責。我沒做什麼事,只是配合志工們拉連署、街頭宣傳……等。歷經政客及利益集團的打壓,最終獲得首次的公投勝利。但隨後,更多值得反思的事情接踵而來。

　　2019 年底,重啟核四公投也在重重打壓後連署達標成案,原訂 2020 年初隨總統大選投票。但隨之而來的惡修公投,將這場戰役硬生生地拖了將近兩年,要到 2021 八月才能投票。我一直認為,民主是絕對的權利,同時也是絕對的責任。這是必然的認知。期間看到一個反核政客居然可以獲得 817 萬票支持,卻完全打破了這個認知!

　　這證明了人民尚需要教育獲得正確資訊,並學著用腦用資料判斷是非,而目前的民主素養只有表面,離達成更有一大段距離。

同人場次道具攤變成公投攤啦 wwww

　　隨後，除了繼續參與志工活動、網路擴散資訊等等，我也夥同了跨性別姊妹組成了「燃料棒女神團」，試圖更擴散來打破僵局。我們想證明的是，被反核利益集團摸頭的跨性別族群也是能用腦思考拒絕摸頭的。也持續以果姑姑的身份參與活動。

　　於是，就這樣到了 2021 年底投票。結果如我們所知道的，並未順利成功。不過在面對反方以上億的百倍資源打壓，試圖以既得利益來打壓科學之下，卻還能五五波，是有讓人感到部分欣慰的！人民還沒完全醒來，但至少是逐漸甦醒的了！

　　老話一句：科學終將勝利。不過，雖然不知道還會要多久，依然還是有一大段路要走。持續努力吧！

唯有一步一腳印地往前走，

哪怕跌倒了也不用急著站起來，

或許……

柳暗花明

又一村

兩個孩子的爸
怪獸電力公司員工
陳彥佑

緣起

2016 年在台電臉書社團看到家法哥發起了南北縱走串連的活動，是因為新版《電業法》修訂會導致台電分家。當初還不知道 2025 非核家園的危機～

加入「以核養綠」志工，廢除非核家園

2018 年 7 月 8 日參加台北義勇軍誓師大會，第一次聽到核電是乾淨的能源，讓我非常地震驚，為了更加深入了解核能，加入「核能流言終結者」聊天室進修，看到家法哥、大業哥已經開始上街頭，我 8 月開始在林口開站收連署書，後來因為某些原因被迫收攤，只能平日在公司收連署書，假日四處幫忙開站拉連署，各地志工拼命地收集連署書，但是數量還是遠遠不足成案的 28 萬，到了 8 月 25 日、9 月 1 日全台志工大串聯活動後，連署書開始爆炸性地成長，終於達到了 31 萬份！

但是中選會惡意剔除連署書，二次送件又被技術性拒收，士修為了希望政府依法行政開始絕食，士修倒下後換廖彥朋、侯漢廷接棒，政府終於願意依法收件，廢除非核家園公投終於成案。

狂賀！
「以核養綠」勝利 5,895,56 票 :4,014,215 票

2018/11/25接近六成民眾支持核能，核一、二、三廠所在鄉鎮都是同意大於反對，被汙名三十年核四廠所在的貢寮僅輸 37 票 (2,347:2,384)，代表人民已經從福島事件走出自己的道路，不再被恐懼所支配。

連署「核四重啟」、委任「核能減煤」

6 月 15 日士修、毛嘉慶擔憂公投法修惡，並為了對抗摧毀臺灣民主的執政黨，開始在立法院正門進行第二次絕食，同一時間立院後門有聲援反送中的活動，我完全無法理解，年輕人對遠在香港的反送中，如喪考妣，對近在咫尺的臺灣民主，卻視而不見。

公投無用說、媒體的冷處理⋯⋯等，讓這次徵求連署書異常辛苦。在志工們歷經花蓮、台中、新竹遠征軍及凱道、三重超大戰場之後，終於在 10 月 9 日送了件。

2020 年 1 月 11 日本來是有公投的，土條早就說過支持核能本來就有藍有綠，大選歸隊本來就是非常正常的事情，推動核能是一件非常非常辛苦的事情，所以我自以為地，期待透過 2020 年的總統選舉，可以讓「核能」離臺灣人民近一點，但，妄想終究是會幻滅的，唯有一步一腳印地往前走，哪怕跌倒了也不用急著站起來，坐在地上想一想、找一找，或許柳暗花明又一村。

2021 年 5 月疫情突然爆發，讓原本 8 月 28 日的公投延後到了 12 月 18 日。

「老、中、青」歲月靜好，
是因為有人負重前行

「白日騎士」背上行動連署站，
走進人群，自己的未來自己打拼

雖敗猶榮

　　可能通訊軟體傳遞太多核能相關的訊息，家人規勸我從政非常辛苦！但是我並沒有要從政啊！我只是單純怕孩子以後問我，爸你不是在台電上班嗎？核能電廠被廢的時候，怎麼你都沒有作為？

「黑夜公主」下課後背
上旗幟，帶上連署書，
穿梭在人群中，英雌
不讓鬚眉

　　一開始參與連署活動都是自己一個人，每次回到家小朋友都會問去哪裡？怎麼看起來很累的樣子，心想是不是應該讓他們為自己的未來打拼一下，真的不要小看小朋友的潛力，收集連署書的數量完全無法跟他們比，清大的王琳琛教授特別誇獎小犬，大熱天願意離開冷氣房和 3C 產品出來拉連署，喊得比現場的大人都還大聲，王教授說臺灣的未來是有希望的，還送了一件核能協會的衣服給小犬，希望小犬可以努力考上清華大學當他的學弟。

　　我家閨女就沒有辦法跟哥哥一樣地吆喝，但小女生自帶的魅力還是可以讓人們自己過來寫連署書，還被要求拍照，而且整理連署書可是一把罩，整理了八小時也不會喊累，大家都戲稱文場就看到我帶小女，武場就是小犬出現。

謝謝龍門電廠的員工把核能機組照顧得這麼好，
不應該讓政治毀了核四

　　小犬及小女真真實實地上了一堂社會課，回到學校還努力傳達正確的核能訊息給老師及同學，這讓我更加確信科普是絕對必要的。

　　從 2018 年到現在遇到無數個反對核能的人，其實大多數都願意把自己疑問、疑慮提出來，也願意聆聽能源及核能知識。扣掉政治反核，其他都是因為核廢料，擔憂核廢料會影響以後的子子孫孫，可是他們忽略了 2050 年地球將要面臨二氧化碳排放導致海平面急速上升，臺灣將會有 300 萬以上的人民受到影響，所以，應該優先解決碳排放的問題，再來解決核廢料的問題！

　　我自己最大的收穫就是認識了一群志同道合的好朋友，雖然我們都是有任務才會集結，但是每一次見面都有說不完的話，吃不完的美食……等，這三年我成長很多，主要是面對人群的部分，我從來沒有想過會上街頭和陌生人接觸，回答自己完全不懂的核能知識，還要說服陌生人留下個人資料，太多的第一次都獻給了「以核養綠」！

我們把全體人民放在最前面

參加的
是瘋子

客服是專業，克服是習慣
志工的好幫手
Mima

是從民國 107 年（2018 年）的 8 月掉落到這個坑吧？一路走來也三年多了。我們自嘲，加入的都是瘋子，跟著士修一起瘋了三年多。

從中選會刁難收件日，士修絕食，二次送件，成案，廢除《電業法》第 95 條第 1 項，然後 108 年（2019 年）「以核養綠」第二次的公投，「重啟核四」的連署，成案，到公投和大選脫勾，原本前年 1 月要跟著大選投公投票，卻因為執政黨而延宕至去年，遇上疫情又延後至 2021 年 12 月 18 號才投票。

那段時候放假的日子，我不是在家，就是在往中選會的路上，這完全是 107 年 8 月底之後的寫照。士修絕食，漢廷加入絕食，甚至有民眾加入絕食，志工們輪流徹夜守護，那些日子彷彿很近又很遠。所幸，那一仗我們打贏了，還贏得很漂亮。

但政府並沒有因為民意改變政策，反而一意孤行地決定將核電廠的燃料棒送出國，意圖不重啟核四。於是，第二仗又這樣開始了。有的民眾對政府死心，有的志工因為各種因素而無法再一起站上街頭，108 年的連署真是難上加難，不諱言的，那時候的我也有些意志消沈。幸而還有許多不放棄的志工及新血加入，加上中間又遇到些讓人無言的事件，108 年的連署真是千辛萬苦，最終還是在大家的努力下達成任務！

也許是民眾的覺醒，讓執政黨覺得岌岌可危，於是原本在 2020 年 1 月要投票的 17 案又被延到 2021 年的 8 月，然後又因為疫情延到了 12 月 18 日。

從開始街頭宣傳的時候就發現很多民眾不知道 12 月要投票，甚至那時在街頭還有民眾在問沒有通知單怎麼辦？當然，我們不覺得人性真的那麼惡劣，只希望這只是不小心的疏漏。

越接近投票的日子，大家心情越是忐忑，有的志工幾乎一週七天都上街宣傳，如果可以，相信他可能會買電視廣告 24 小時不停放送（笑）。每天的上街宣傳，似乎只要少了一天就會有些焦慮、擔心、不安，這樣的心情，每當在遇到民眾比讚，說加油的時候又被撫平，然後又繼續充滿動力上街宣傳。當然也會遇到嗆聲或是比中指的民眾，雖然和我們意見不同，但我們尊重他們表達自己意見的權利，這就是民主。

公投前的最後衝刺，民眾經過的加油打氣，
都是我們堅持下去的動力

　　我們志工真的很簡單，為的不只是自
己，還有島上二千多萬即使和我們不同想
法的民眾健康。我們把全體人民放在最前
面。

　　如今公投結束了，結果並不意外，但
是失落感還是很大。我想謝謝每一個負時
薪的志工夥伴，不管是前線戰場或是後方
支援，感謝你們曾經這樣地盡己之力。美
好的一仗我們已經打過，既然努力過，我
們無愧於心。畢竟沒有幾個 NGO 可以讓執
政黨花了不止 5,800 萬的經費來反對一個
公投。而且那也很有可能是我們的納稅錢。

　　我曾經以為臺灣是個民主國家，但，
好像是假的。

　　公投雖然已經結束了，但任務還沒完
結呢！好好休息一陣子，我們還有故事未
完待續！

我以為去做一天志工就好了

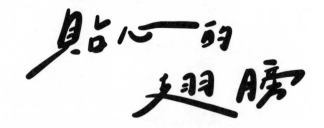

快樂媽咪

唯羽

　　有朋友問我是怎麼會注意到「以核養綠」這個議題的呢？

　　起因是我在 2011 年日本 311 強震發生時，看媒體都在報導日本海嘯，可怕的災難畫面怵目驚心，所有的新聞畫面都變成是福島核電廠氫氣爆炸及冒煙的景象，令人納悶的是，日本是個核電大國，日本人又以做事細心揚名世界，怎麼可能會發生核事故呢？當下全世界的人應該都傻住了吧？我心想，連核電大國日本都會如此，可能核能發電還有可以改進的空間才是，但是當時的我並不知道日本東電並非核電廠的模範生，其實我們台電公司才是，核一、二、三廠運轉了將近 40 年，台電的核安是優於日本東電的，這一點是我當了志工後才了解的。

然而，我更沒有想到 2014 年居然會因為有人絕食、忠孝西路封街夜宿主張「我是人我反核」後就可以封存核四？感覺上是一夕之間豬羊變色，整個社會氛圍都跟我自身的週邊生活環境不同。當時我只是一個安心照顧幼子的快樂媽咪，封存時我依然認為核四應該還在可控的範圍，相信不久之後就會再繼續蓋，停建也不是第一次了，反正有事都還有巨人頂著，老百姓安啦！

　　直到 2018 年 9 月初的午休時間，我路過捷運南京復興站前，看到有上班族擺攤請大家簽「以核養綠」的連署書，這不是最近新聞上馬總統說的那張嗎？我當下鼓起勇氣走到桌子前面坐下，先簽了一張「以核養綠」連署書，志工還很謹慎地檢查了我的身份證，簽完一張，志工又默默地從桌子底下拿出了另一張「重啟核四」的提案書，我雖然愣了一下，依舊毫不猶豫地簽了，我也沒想到這一簽，居然讓我連結到 FB「核能流言終結者」的粉專及「核終聊社團」。在社團中更發現了一群很有理想、正義感十足、核能知識非常豐富的核友們，但也可能因為忙於研究及工作，他們沒辦法一一為核能謠言辯駁，他們也可能沒時間也不懂如何跟恐懼核電的一般民眾溝通。

　　2018 年社會的氛圍是新聞網路上充斥著一大堆奇奇怪怪的反核言論，人們想在當中找到正確的核

電常識還真不容易，而我自己則是在該年 9 月「以核養綠」公投連署通過後，才在核終聊裏認真看貼文，希望能多了解核電、核能的相關資訊，但是只要一提問，會立馬收到可能是反核的朋友或是反串的小夥伴們的留言，怎麼看都像是要把相信核電的我趕跑，愈看愈心驚，差點就被嚇跑了，但是我最後還是在核終聊裏存活下來了，核終聊就是這樣一個充滿「驚喜」的社團。

2018 年 11 月 24 日公投結果大成功，臉友們欣喜若狂，那時我還只是網路上的吃瓜群眾，我也好開心。推動公投 16 案的過程中，我都一直認為支持核電的民眾是多數的，堅定相信公投一定會成功，記得投票當天我還很認真地去投開票所監票，仔細核對同意、不同意的票數，最後看到投開票所的結果，我知道「我們」成功了，即使我不認識志工們，但我覺得自己已經是核終聊的一員了，整個就是自我感覺良好，哈哈！

雖然公投通過「廢除《電業法》第 95 條第 1 項」但蔡政府依然堅持非核家園政策，想在 2025 年前全面廢核，政府怎麼可以帶頭言而無信呢？還因此得再來一個「重啟核四」的公投案？後來黃士修在臉書上招募志工，這次我已經在社團裏了，心想有時間可以幫一點忙，反正也只有 4 月 27 日去台北車站一天就好了（我太天真了嗎？）。

記得當天有王明鉅醫師等幾位大人物過來探班，我那時還不知道這些名人，後來在西門站、大安森林公園站拉連署時，又見到來幫忙的王伯輝廠長、葉宗洸教授、李敏教授等大人物們，我也是有眼不識泰山，完全不知道要去找偶像們合照，當時我只想趕快拿到足夠的連署書讓公投成案。但是，真的很難簽，街頭上有多少人願意把個資交給一個素昧平生的陌生人？再加上沒有任何媒體宣傳，民眾幾乎都不知道有這個議題，只有靠志工一張張簽署，我心想，這樣能達到 30 萬份的連署目標嗎？正在不知道該怎麼辦的時候，6 月 1 日韓國瑜的造勢場合來了，直到現在想到那一天，我依然會感到激動，謝謝每一位善良的韓國瑜支持者，大家一聽到要重啟核四來支持穩定、便宜、大量、無污染的電力來源時，立馬呼朋引伴來簽連署，本來我當天是要去北車站點的，沒想到早上 10 點半我到台大醫院站後，就走不開了，因為當我穿上背心的瞬間就被民眾包圍，滿手都是簽好的連署書，記得當天應該收到了將近一萬份吧！很驚人的數量，接下來我食髓知味，韓國瑜的造勢場必設攤拉連署。過程中，我非常感謝包子隊長王麒傑及安安的大力協助，我銘記在心。所以現在核友們了解當初為什麼要去韓先生的造勢場拉連署了嗎？現場的熱情反饋跟街頭上的冷清對待是截然不同的。

　　因為韓先生支持者的幫忙，公投 17 案成案了，反核陣營非常不甘心，讓今天的核四公投轉變成藍綠對決。最終，不同意「核四重啟」的票數多於同意票數，且投票人數沒跨過門檻，公投案失敗，雖然無奈，但是掌權者不支持核電，我們還能怎麼辦？很想知道當初那些一直說「公投無用論」而不出來投票的「先知者」，現在的觀感是什麼？不過話說回來，其實沒有韓國瑜，「核四公投」依然會是民進黨的眼中釘，還是不會過的，自從

第一天拉連署。謝謝簽署

2019 年 6 月 17 日立法院通過公投脫鉤大選就已經決定了吧！因為沒有大選，投票率是無法提升的。在此，非常感謝在公投跟大選脫鉤後，當時的國民黨籍議員羅智強先生展開路口宣講，下班尖峰時間風雨無阻，在台北市的每個路口宣揚民進黨已經沒收了人民的公投案，請大家幫忙簽署，不要讓 3000 億的核四被打水漂。

「重啟核四」連署過程中，我以為的一日志工，居然整整做了半年才結束，其中的甘苦可以寫成一本書了，雖然最後投票的結果不如預期，但是過程中能讓很多民眾不再害怕核電，進而了解核能，我覺得很值得。

在「核終聊」社團裏其實也有為數不少的反核人士隱藏在裏面，但是也有更多的核工專業人士，大家一起互相支援對抗反核，跟飯盒戰鬥，雖然有些夥伴我不認識，但是我真心謝謝每一位在臉書上幫我留言、按讚、分享、戰飯盒、教我核能正確知識與改正我錯誤的朋友們，因為有這些朋友，今天才有更多的人跟我一樣相信核電可以帶給我們「有電又有好空氣」的美好環境，每一位夥伴都是核能戰士。

自從 2019 年開始，社會輿論就不再那麼的反核，相信我們的努力都沒有白費，現在一時失意不算失敗，至少宣傳「核四是安全的」目的達到了。接下來大家繼續相約科普核電常識，未來，核能發電絕對會是重要的電力來源，我有信心核四終會重啟，到時再回頭看看這幾年的努力，我們一定不會後悔走過這段艱辛歲月。

寫到這邊，還是要再一次感謝士修、李敏教授、葉宗洸教授、王伯輝廠長以及臉書上的核友志工們，是你們給我投票的機會、教我核能的知識。我也在這次公投上認識很多志同道合的朋友，我想感謝的人太多，就以此文感謝每一位給我連署書的朋友、按讚留言分享的朋友、含著淚光給我包子(捷運萬芳醫院站)的朋友、送飲料物資的朋友，更謝謝這一路上家人的陪伴，還有支持我發表這篇文章的貼心的兒子，大家都是彼此路上的貴人，沒有你們，公投不會成案，「核四重啟」的宣傳不會這麼成功，總之謝謝每一位付出心力的夥伴，期待未來核四開放參觀、重啟的那一天，我們相約再見。

看到簽到手的連署書就是這麼開心

我們對這個社會有一份責任！

轉角佇立的光

台南新血單兵
黃資府

我支持核能的原因其實就是很單純地基於科學、知識和理性。我爸爸去年七月底確診肺腺癌，另外有一個好朋友的媽媽則是肺腺癌且已經到居家安寧的階段。可是癌症的成因很多很複雜，我並沒有把自身親人的罹癌單純歸咎到空污。事實上在家人尚未罹癌前，我就一直有在關注能源議題，讀了很多資料，並且有閱讀觀看不同立場的各方意見和說法。

去年的「核四公投」倒數幾週時，我決定自己一個人去站路口舉標語呼籲支持「核四重啟」，會站出來是因為那個時候核四這一案的民調呈現五五波的拉鋸，我想幫忙多拉一些票，覺得即使是很微小的差距也可能導致結果翻盤，所以選擇了自己一個人站在各個不同的十字路口對來往車輛鞠躬的方式。

我決定自己一個人去
站路口舉標語

我也不知道，這樣做，有沒有效。但是我只知道，那時「核四公投」的民調，差距非常微小，我們的一個行動或是一個不行動，就可能改變結果。我不指望撼動綠營信徒的虔誠信仰，也不是要在相同理念的同溫層中互相取暖，我只希望，孤單地站在十字路口，對著來往的車輛，鞠躬再鞠躬，能夠打動一些原本沒什麼意見無可無不可的中間選民。民進黨可以挾豐厚的行政資源，拿人民的納稅錢大肆宣傳，我們什麼都沒有。現在差距是如此微小，我們選擇站出來或不站出來，可能就會改變臺灣的歷史，臺灣的未來。我不想我之後後悔，後悔現在沒有多做一些事。即便最後可能還是失敗，至少做了就不會後悔。

　　回想公投的前一天，我來到民族路公園路口舉牌，也就是遠百那個路口。那天好像變天了，風很大，變得很冷，舉大字報變得很吃力，風一直亂吹，拿不平整。本來想在遠百那一角舉，可是風實在太大了，沒辦法拿，只好換到斜對角舉。風大致是從東北方來，風大的時候也拿不好，只能面對迎風面，雙腳打開，身體呈一個「大」字型，充當大字報的支架，不然風吹得紙往後折，字會看不清楚。可是這樣就不方便鞠躬了。今天就是一直在顧手中的大字報，又要讓四面來車都看得到，有機會時又要鞠躬，狼狽萬狀。

　　但是那個路口的車流量有點不如我想像的多，還不如前一天的成功路西門路口。豎起大拇指比讚和喊加油的人也少很多，有點挫折。嗆聲的只有一台汽車開過，喊著「不要核四啦」，另外就是一群台南一中的學生走過，嘻笑地喊著「四個不同意」（尾音拉得長長的）「臺灣更有力」（嘻笑聲）。我在他們經過時只能賣力的鞠躬再鞠躬，但是心裡是很難過的。

今天舉牌的時候有個氣質很好的女生騎到我身旁停下來，說前幾天在好市多那個路口也有看到我。說佩服我的勇氣。說，她也有試著去拉票，可是都很難被她說服，就連中間選民也一樣。彼此聊了一會，風大，周遭環境又嘈雜，有些她說的話我也沒聽清楚，只能點頭應和。照片是請她幫我拍的。算是寒風中送來的溫暖。

　　前幾天分別在北門路民族路口和成功路西門路口，最後一天在民族路公園路口。前幾天在一家眼鏡行前，那天整個下午都在播周杰倫的歌。有一天是在劉家粽子前，下午站到晚上都聞到粽子的香氣。最後這天的這個路口旁邊有賣爆米花的店，站的時候爆米花的香氣一直飄過來，香得令人心曠神怡。旁邊的飲料店一直在放音樂，還有烤厚片吐司的香氣。我從來沒有用這種方式感受過自身居住的城市，看著熙來攘往的人們，等紅燈聚集，放行，反覆重複的節律。看日光隱沒入黑夜之中，街燈亮起。我一直站在原地，看這從小到大居住的城市，卻感到比到異地旅行更奇特更新鮮深刻的經歷。

　　投票的前一天我比較忙，比較晚出來舉牌，大概四點半多才開始舉。本來我一般是舉到六點半左右，才回家跟爸媽吃晚餐。那天想說是最後一天了，就跟家裡說今天不回去吃飯了，能站多晚站多晚。可是過了下班尖峰時間，車輛就少了，路口顯得冷清，不知道是不是也因為天氣寒冷的緣故。稍早的時候，我覺得今天這個路口車輛實在不是很多，又舉著字牌走到成功路公園路那個路口。那個路口車輛雖然有多一些，可是風實在太大，紙都拿不好。又想我昨天是在成功路西門路口舉，成功路往來的車輛，一部分可能跟昨天是重複的，還是回原本的民族路公園路口好了。站到七點多的時候路口已頗冷清，決定換個地方，沿著民族路，迎著車子前來的方向，舉著字牌，一直走到民族路中山路口，再走到新光三越中山店，再走到火車站前圓環。

逆著車流方向走一圈，對著那些公車站牌前等公車的人們鞠躬再鞠躬，再走到火車站，對著等車搭車買票的人們鞠躬，再走到機車臨時下客處，再走回前天的北門路民族路口。在前天的眼鏡行前再舉了一會標語。可是風實在是太大了，紙快被撕爛了。眼鏡行的員工過來看我在舉什麼，對我比了個讚，又看我紙都快撕爛了，拿了膠帶想幫我黏好。我看看時間已經八點多了，車輛也比較少了，也晚了，風又太大，再舉也很吃力，就說不用了好了，明天就要公投了，這紙也不能再舉了，要回家了。跟他道了謝，就沿著民族路慢慢走回腳踏車停放的地方。

　　從街頭回家後，我都會在臉書發文分享。謝謝那段期間看我的文章幫我加油打氣的人。很多人說，佩服我的勇氣，可是我實在想不到什麼，我能做的，就只有這麼多了。我很喜歡寫《小太陽》這本書的作家子敏。子敏有一本書，是寫給國中生看的，書名叫作《認識自己》。裡頭有一篇文章，叫作「認識社會」。子敏說，大部分人，看待這個社會的方式，是覺得這個社會是這個社會，他是他。他不是這個社會，這個社會也不是他。但是倘若讓每一個，有這樣想法的人，都離開，這個社會就會變得空無一物。可是社會不是這樣的，社會包括你，也包括我。我們在評論這個社會的時候，不能用「你們這些人」的語氣來評論，只能用「我們大家」這種語氣來評論。我們大家太冷漠了。我們大家太自私了。我們不能站在「社會」的外面說話，我們只能站在「社會」的裡面說話。「社會」就是「我們大家」。「社會」永遠是「我們大家」。當我們學會這樣造句，學會這樣說的時候，就表示我們沒忘記，我們對這個社會，有一份責任。我們對這個社會，有一份責任。這篇文章深深地影響了我，還有後來我做的所有事情。

我能做的，也就只有這麼多了。謝謝那些幫我
加油打氣的人們，不管是在路口，還是在網路上，
因為你們，讓我感到生命充實溫暖。

在各個路口舉牌

我們問心無愧，對得起同胞及後代子孫

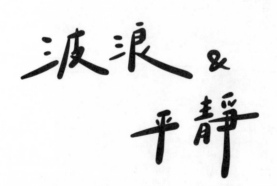

我是貓奴，我支持以核養綠
天龍國東區站長

Ena

　　「重啟核四」公投投票前一晚，風很大，舉著長200公分的宣傳牌，肩胛手臂都很痠。氣溫很低，但心很火熱，有種急迫的使命感在支撐著我。

　　2018年曾經天真地以為：寫好連署書，接下來等著公投投下同意票就好。卻在臉書看到連署進度不理想的訊息，當時我只是個默默支持核能的平凡上班族，閒暇之餘喜歡攝影、看海、學鼓、學舞的假文青，既沒加入核能相關論壇，更不認識領銜人黃士修或任何一位志工。心急之下，照著臉書連署站的資訊，直接去幫忙，就這樣踏上了負時薪志工的不歸路，剛開始是哪一站缺人就去支援，只要捷運能到，兩個人也開站，同站的志工都不認識也無所謂，缺連署書就自費印刷，靠著一張「我是貓奴，我支持『以核養綠』」的手卡當作文宣，吸引路人注意力；後來竟然成為站長，漸漸認識了很多一起並肩作戰、努力不懈的好夥伴。

自己對能源的知識並不充分，剛開始上街很心虛，幸好有強大的同伴隨時支援，漸漸找到引導一知半解民眾的方法。曾經遇到推崇效法德國廢核、使用再生能源的民眾，但他不知道德國可透過歐陸電網向法國買核電，以及再生能源太多時，負電價的狀況，可說是被片面資訊誤導的最佳典型；也遇到過相信使用風電光電既環保又減碳的民眾，對她示意當下是無風無太陽的夏日夜晚，風光都歸零的時候，非核家園就是火力全開，民眾秒懂廢核可能造成的空污、碳排、暖化及缺電危機。

　　而這幾年裡最感動的一刻，是一位中風的伯伯，拄著拐杖緩步來到我面前簽連署書。他用明顯無法施力的手執筆，一筆一畫吃力地填著個資資料，寫完再認真仔細地核對一次。感受到他對我這個陌生人的信任，與對這項公投的期望，當下眼眶泛淚。對比很多因為害怕個資外洩、而不簽連署書的友人，我只有深深的感謝與感動。

在雨中站了一下午，一心只想讓更多人出來投票

　　連署時遇到反核嗆聲的狀況非常多，支持打氣的民眾也不少，某一晚志工很多，連署非常熱烈，有一位反核阿北不敢靠近，遠遠喊話干擾：「不能簽，會死人。」志工們忙著連署無暇理會，連署民眾看不下去，對著反核阿北嗆聲單挑，阿北只能噤聲落荒而逃。當天收站時，志工們堆放雜物的地方，多了一盒雞精，沒人知道是誰放的，一致決定送給熬夜整理連署書的清大志工們補一補。

　　公投連署書達標時，李敏院長率同整理連署書志工，在臉書發佈已達標且即將送出連署書的影片，看得人熱血沸騰熱淚盈眶，送件時志工齊聚中選會，

協力搬運連署書，志工們紛紛和李敏院長、王明鉅院長等偶像合照，現場儼然成了粉絲見面會。後來中選會拒收補件、士修宣布絕食，跟著過了一段前途茫茫，不知道何處是盡頭的日子，直到行政法院同意補件，才安下心來。

　　題外話，即使領銜人在絕食抗議，陪伴守護的志工們在絕食現場，必做垃圾分類資源回收，算是社運團體中絕無僅有的異類，我們就是這麼注重環保的一群人。

　　當公投票數出爐，公投 16 案「廢除《電業法》第 95 條第 1 項」過關，我在電視機前熱淚盈眶，有種不敢相信夢想成真的夢幻感，以為可以重回正常生活當個平凡人。誰知政府竟然死抱著非核家園的神主牌，不願重啟核四，我也只能繼續負時薪志工之路。

　　這次因為政府不遵守公投結果，讓很多民眾心灰意冷，連署意願明顯降低，街頭收集連署書難度增高很多，只好跟著最容易拿到連署書的韓國瑜造勢場合走，陸續去了凱道、花蓮特遣隊、台中特遣隊、三重，個人對韓國瑜沒有特別的好惡，只是單純地想要「重啟核四」公投成案，志工們的心聲就是：「哪裡有連署書，就有志工；數連署書比數鈔票還開心。」對於被高度汙名化的韓粉，親身接觸的體驗是熱情溫暖，不只自己願意簽連署書，還會幫忙吆喝其他人一起來，讓我恨不得多長幾雙手來處理連署書，我個人對韓粉只有感恩；更感謝所有願意簽連署書、為我們加油打氣，投下同意票的所有民眾。

因連署困難，我必須比 2018 年投入更多時間上街頭，甚至參加兩次其他縣市特遣隊，和也挺核能的男友之間產生誤解，只好暫時停止志工工作。退出前的最後一次上街，是在信義區世貿，騎著腳踏車抵達連署站對面，停好車就突然降下傾盆大雨，沒帶雨具只能在樹下躲雨，等到雨勢稍緩，對街夥伴撐傘來接我時，我已全身濕透，只能回家更換衣物後改搭捷運返回世貿，繼續連署工作，結果就遭遇了上街以來最不理性的反核人士，不但指著我的鼻子罵「不要臉的死國民黨」，還作勢要搶我手上的連署板，還好志工夥伴錄影存證嚇阻，她才悻悻然離去。後來和男友的誤會解開後，還能重回志工崗位，協助「重啟核四」公投成案，讓以核養綠志工之路不留遺憾。

三重韓國瑜造勢場，
忙起來一打五六七，
恨不得多長幾雙手

2021 年 12 月 18 日投票當天,看到投票率的低迷,對於結果,心裡已經有數。票數出爐當下,正在團練打鼓,無暇關注,只能趁空檔滑手機,心情意外地平靜。反而是在回家看到領銜人臉書留言後,難過的情緒才慢慢浮現。心疼士修、李院長、葉教授、王廠長的感覺,遠超過公投沒過的失望。以我們不到 100 人的街頭志工規模,對抗著反方國家級陣容與龐大資源,能動用的資金差距百倍以上,勝負好像顯而易見,我們輸在資源極度不對等,雖敗猶榮。

　　2018 年到現在,我以身為「以核養綠」志工感到驕傲,因為有一群很棒的同伴,大家無私地一起為穩定的國家能源政策、為環保、為地球、為下一代努力,而且我們都盡力了。雖然第二次的公投失敗了,但我們問心無愧,因為對得起自己的良心,對得起所有同胞及後代子孫,對得起對科學的信念!感謝所有並肩作戰的夥伴們,有你們,真好。

夥伴們有著如核能基載般的堅定意志

科宅神

台大藥理所博士候選人
醫療器材法規專員
永康

　　在「科宅」一詞出現以前，我早已是個不擅社交但喜好科學的科宅，喜好關於各種科學的新知，尤其是核能。對於核能有著根基於了解的支持，但受限於社交能力，從未能用科學說服朋友們去支持核能；雖然加入了「核能流言終結者」，但也只是默默地潛水著。

　　直到 2018 年 8 月 25 日那一天，我知道如果不出來奮戰，將會抱憾終身。然後就開始為科學與真相在街頭與網路奮戰 3 年的奇妙旅程。

　　從第一次上街頭時緊張到翻連署書都手抖，向路人結巴著解釋核能對我國電力供應的重要性與現代技術的安全性，到能獨當一面在人力短缺的基隆與隊友們每逢周末必出動收連署、投信箱；在基隆單槍匹馬拜訪各議員服務處，去解釋公投、拉近關係、拓展人脈尋求支持，在前公司離職時還不忘收集所有同事的連署書。

為了核能與公投而改變自我，以期能有更多知識與更好表現。同時又在任務中結識了許多來自各行各業背景迥異的夥伴，他們原本也只是如你我般地平凡，但卻共同有著對知識與真相的踏實追尋、對自然與環境的真心關懷、抵抗惡劣強權的無畏勇氣。尤其是從 2018 年一路奮戰至今的夥伴，有著宛如核能基載般的堅定意志。我常感到何其有幸，能與這樣的夥伴一起為科學、真相、國家努力奮戰。在志工群中，我觀察到求同存異眾志成城的艱難與無限可能。

　　然後在 2018 年 11 月 24 日，我們創造了奇蹟，「以核養綠」公投通過，廢除了非核家園條款。但接下來，政客們展現出令人難以置信的厚顏無恥、虛偽矯情、貪婪自私，與專制獨裁。不只對「重啟核四」公投施加更大壓力，更逐步破壞我國民主體制。且更令我們失望的是，人民對於即將到來之危機與國家體制崩壞的冷漠，使 2021 年的四項公投成為我國最後的全民公投。100 多年前開始倡導的德先生、賽先生運動，終究沒有深植於每一位國民的心中。

在志工群中常流傳著一句話：「科學終將勝利。」這句話的真正涵義是：科學只是我們分析、了解並應用到各種自然現象與定律的方式，沒有任何人事物可以違反自然定律。我將持續努力推廣科普教育，尤其是有關核能與各式能源的各種資訊，並衷心地期盼著改變。只希望當科學終於勝利、自然定律要展現其不可違逆的力量時，這座島嶼上的人民們不要選擇站在自然定律與科學的對立面。

科學終將勝利。

車禍骨折初癒，
蒐集連署書當復健運動

站在街頭 看見人生百態

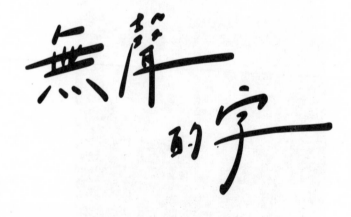

標語牌製作達人
巧手女孩
云云

　　我也來說說我這三年多來的志工歷程吧。最初我並未特別關注能源議題，既不挺核也不反核，後來因緣際會發現核終社團，慢慢吸收能源知識，很自然就站在挺核方。那時知道有些志工前輩已經站上街頭，我則尚未付諸行動。

　　2018 年 8 月 25 日，大規模的「圍車站活動」，是我第一次站上街頭，之後就開啟了長達三年多的志工生涯。

　　「核電廠會爆炸」，「核廢料放你家」這是飯盒（反核者的暱稱）嗆我們志工的基本款，也常常聽到「呷飽休盈」、「神經病」、「肖欸」，有時聽到不免心酸，你這樣辱罵我，你可知道我在救你嗎？只能咬著牙不掉淚，瞥見其他志工仍努力不懈，情緒一下又昂揚起來，繼續並肩奮戰吧！

有一次在大安森林公園，因志工人數夠多，遂和幾位志工沿路宣傳「核四公投」。走到永康街，經過一對父子前面，那位父親低下頭，非常慈愛地對年約6、7歲的兒子說「孩子，知道嗎? 要四個不同意喔！」我聽到不免內心歎息，可憐的孩子，你不知道你的爸爸正以愛之名毒害你，希望你以後可以接觸到正確的知識，扭轉自己的人生。站上街頭，接觸人生百態，有時不免感慨萬千啊！

　　除了拉連署、宣傳「核四公投」，大家幾乎都自費張羅物品。我做了不少大字看板，讓經過的人一眼看到我們的訴求，不少志工常用我做的看板，我也很高興能幫到大家，畢竟做這些也是希望能讓連署及宣傳活動能更有效果，因此很多志工街頭活動的照片上都看得到它們的蹤跡。

　　前年歲末的公投，頗遺憾「核四重啟」並未過關，王子並沒有順利救出睡美人，睡美人仍然在休眠中。前路漫漫，遍佈荊棘，仍有許多艱困等待我們一一克服。不過一路走來，很高興結識了許多優秀的核友志工，希望未來也能結伴同行，並且一起見證**「科學終將勝利」**這句話。

200 公分的大字橫幅，遠遠就能看到，希望可以打動人心。

我家就在核電廠邊

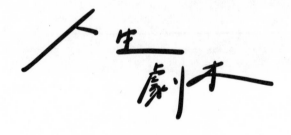

來自北海岸的

恩生

　　那年 815 停電後網路上充斥著核電相關的留言，最多的就是「核廢料放你家好嗎？」，這對一般人可能無解，但我看著核電廠長大，常在台電「北展館」裡嬉戲，多少還是有吸收點輻射的安全知識。我都用著耐心一一回應這些留言，解釋輻射並不可怕、可以被屏蔽。但也很納悶核電這冷門的議題，好像在網路上討論的時間比預想的長了點，直到不經意地滑到有人在中選會門口抗議，要求中選會依法行事，滿頭的問號促使我開始去了解狀況，才知道原來我們的政府正在阻擋民意，讓公民沒辦法行使在憲法裡那冷門的創制複決權。這真的讓我感到太震撼了！

離開北投場要趕往基隆了伙伴們加油

　　為了以後可以更快得到相關訊息，我決定參加這個臉書社團。後來經歷了黃士修拿到台北高等法院的判決書讓中選會守法，以及公投第十六案順利成案。我記得中途還有麥可謝倫伯格（Michael Shellenberger）等國際上的友人到臺灣來，只為告訴我們，我們並不孤單，甚至要我們因為站在世界趨勢的前端而驕傲。在那年的大師會談裡，前菲律賓立法委員 Mark Cojuangco 講述著菲律賓放棄興建巴丹核電廠，後續的電價高漲、外商出走。隔著螢幕我只希望我們不要步上菲律賓的後塵。當時我們是有選擇的，也正在為了這個選擇而努力。

　　所以即使成案也不能鬆懈。我們不斷地收集資料，耐心地說服家人與網友。越收集越對曾經為龍門核四付出過的廠長與所有幕前幕後的人員感到不值。

　　他們用大量的時間心力，在美國最嚴苛的建廠規範下，打造出連美國人都認為造不出的電廠！用一般人難以理解的安全規範，一部機組配備多部緊急發電機，一般人眼中的浪費，也是核工人對安全的嚴謹要求。如果可以，希望能一起努力，直到看見核四發電的那一天。

結束基隆站的聯署再趕
到西門，夥伴們已經布
置好有種到家的安心感

　　我還記得那天投票日開票後大家在社團裡報票，那種緊張、雀躍的感覺。而結果出來後的開酒慶祝真的是太美好了。

　　非核條款被大家廢除了，各地關於公投的討論也更熱烈，我所在的金山，也辦起了論壇。是反核的，但我真的想知道為何反核，所以我去參加了，也提出了我的疑問，可能問題太艱深，所以就獲得和洪申瀚委員在旁邊聊的機會，我的問題他都有問必答，當下是真的感謝他，有改變我的看法，說真的，對支持核能的立場也的確有動搖，直到回家在社團分享，我才恍然大悟，委員講的大多不是真的，被唬的感覺不太好，但也算契機，便開始花更多時間在增進對核電的了解，能吸收的都吸收，不會再有被騙的機會了。

　　這也為我後續在街頭連署帶來很大的幫助，當我在社團看到「以核養綠」二部曲的第一場街頭連署時，剛好有時間，即使在西門也殺了過去，在乎就要有行動，沒有行動，一切都不會改變。生澀地拿起連署書希望大家連署，這場最讓我感動與難忘的是一對老夫妻接過連署書後開始想著戶籍地址，原來他們旅居美國多年，這次回來看看。我心裡大為震撼，講白了現在臺灣已經對他們影響不大，但他們仍然在乎，仍願意幫忙連署，真是太感動了。

在街頭收集連署也收集人心，一陣子過後，在成功國宅連署時，即使時間是早上，仍翻山越嶺幫忙佈置，在這也有許多感觸，有因為政府對公投態度失望，而不相信我們的。也遇到退休的台電員工，看到我們後，熱情地把路過的鄰居抓來連署的。但最讓我難忘的一樣是退休的台電員工，他看著連署書，凝視一陣後，神情哀傷地離開。追問才發現是在核四退休的老員工，看著核四的興建到封存，大起大落，他已經不相信核四有重啟的可能。雖然最後那位長輩沒有簽下連署，但我下定決心要讓核四重啟變成可能。有機會就上街連署，可以就四處跑。

聽到許多民眾不同的看法與故事，有趕時間的民眾簽個名後，拿身分證給我拍，讓我補剩下的部分，有在我宣傳時嗆我搬到核電廠旁邊住，我只能無辜地說，我家旁邊就是核電廠……讓對方啞口無言，也在我一直盧之下對方簽了。曾經一天跑三場連署，騎車到北投再到基隆，晚上搭客運到台北西門。也曾經因為韓國瑜的花蓮場造勢缺人，而在電腦前搶台鐵票，在現場喊到喉嚨痛，但都累得很滿足，體力是透支的但心卻滿足豐富起來。

韓國瑜的花蓮場因為志工不夠所以買票支援多一份人力可以多幾張聯署，離成功又能靠得多近呢？

但政府總是會潑冷水。幾天後公投法就被修法延到兩年後,修法那天還是我生日⋯⋯在修法後,以現行的規則下高投票率讓公投幾乎不可能通過,雖然絕望但還是努力地連署。在烈日下我一個人在榮總外拉連署,晚上有一群志工在台北的各個捷運站拉連署。

我的最後一次連署活動還是在石牌,因為用北極熊佈置物,被捷運站方驅趕,所幸一個靈機一動,套在自己身上,讓原本冷清的連署熱鬧起來,看著被吸引的大眾,在這微冷的晚上,這是我感受到最暖的事。

即使知道結果可能會如何,但能做的只有把現在做好。感謝家人的忍讓包容,其實我自己也知道,一直不顧自己,用著傻勁去街頭做吃力不討好的事,得不到甚麼。也知道有些志工因為跑連署讓家庭關係緊張。也覺得很無奈,但總要有人站出來,或許是螳臂擋車,或許到頭來根本沒有意義,但總要相信奇蹟才有實現的可能,至少我們可以證明在越來越慘的未來,曾經有群人,努力地阻止最糟糕的劇本發生。

77 凱道連署插下旗幟告訴眾人我們的訴求

在深綠的城市……

三代齊挺核

台南挺核媽媽

Chialin

近幾年地球溫度越來越高，發生熱衰竭的機率也隨之增加，因此我有了不要太常待在冷氣房裡、要去適應環境的觀念，從女兒小時候開始就訓練她不要常吹冷氣。我的娘家政治立場非常分歧，深綠的一方是蓋著棉被吹冷氣，我們卻是為了節約用電只吹著風扇。但近二年感受到天氣更加炎熱難耐，既然執政黨說臺灣不會缺電，為了孩子的睡眠品質，我們決定不再自虐便買了冷氣。

在日本 311 大地震之後，臺灣掀起了反核潮，花了大筆經費興建的核四廠也成了犧牲品，政府趁此一意孤行砸大錢 (2 兆) 發展並不適合臺灣氣候條件的風力，政府的任意妄為卻讓下一代負債累累。在 2018 年的某一天，我在臉書上看到了「以核養綠」一篇徵求連署書的文章，便不假思索地打了電話過去索取了 50 份空白連署書，便開始了我「以核養綠」的志工之路。

一開始單純地認為這個連署是攸關民生用電的問題，找人連署有何困難？世界各地飽受氣候變遷之苦，天災不斷，我以為同意續用低碳零污染的核能是理所當然的，殊不知這跟政治（信仰、龐大的利益）有著很大的關係，政黨顏色鮮明的台南更是「非核家園」的信仰中心，我很快地便明白願意連署的親朋好友（偏藍的）很有限。這時候我碰巧進入了臉書「核能流言終結者聊天室」社團，得知全台各地的火車站都有志工在街頭連署，於是我就加入了他們的行列。

　　很多連署人都跟我反應，選委會通過的公投主文很不容易理解：「您是否同意：廢除《電業法》第95條第1項，即廢除『核能發電設備應於中華民國114年以前，全部停止運轉』之條文？」真不知道為何要寫得這麼拐彎抹角，我常常需要花很多時間跟連署民眾說明主文的意思。此外，只有親自填過連署書的才知道完成一份「有效的」連署書並不容易：不能塗改、不能簡體字、要填幾鄰、六都和非六都寫法不同……等等規定一大堆，每每都要不厭其煩地解釋如何填寫，這其實也間接影響了連署人的連署意願。此外，連署人把個資交給陌生的志工，我們其實可以感受到有些人懷有些許的不信任感。

台南火車站

　　當 16 案公投通過後，政府雖然有執行，但 2025 非核家園的目標仍然不變，因為對政府的失望，讓我們又再次發起了「重啟核四」公投連署。還沒參與連署前的我是政治絕緣體，不熱衷政治活動也不認識任何的政治人物，但為了「重啟核四」的連署，我、家母及女兒，會參加總統、立委候選人的造勢場合。有時搭火車，有時騎機車。有時候家母要去聽政見，我就在現場找人連署。有次我們祖孫三人在晚上還「三貼」著騎山路遠征到高雄內門。家母更時常一人南征北討，包括羅東、三重、台中，雖然她是去支持候選人，但她出門都不忘帶著連署書（有時還不夠），順便找人連署。

鹽埕北極殿
（與王伯輝廠長的偶遇）

在 2021 年台南廟埕的一場公投說明會，我們還遇到了核四前廠長王伯輝，他為了闢謠、守護核四不辭辛勞，獨自一人南下到聽眾不會很多的「西瓜區」，這讓我們非常地感動。王廠長看到我們拿著「重啟核四」的牌子，還主動來跟我們打招呼，在逆風中遇到志同道合的夥伴常常是我們繼續堅持下去的力量。

東奔西跑雖然會累，但很多連署人開心地跟我說幸好有遇到我，不然都不知道有連署這件事，也不知道哪裡可以拿到連署書。他們簽完還會加一句「辛苦妳了」，看著一張張完成的連署書，心裡慶幸著我們有來真好。因為去的場合政治立場太過於顯著，有天突然發現情同姐妹的好朋友改了電話號碼沒有告知我，臉友關係也變成了陌生人。我們是她出國時小孩可以寄放在我家，而我結婚時她負責收禮金像家人的那種關係。她刪我好友時，我會覺得錯愕和難過，但後來也看開了，既然不能認同我是在做對的事，失去了友情也不足為惜，在這三年多我也獲得更多志同道合的朋友。

在社團裡，核友們會分享核能知識、核廢料的處理及破除對核的迷思等資訊，但我不是個會認真學習的人，所以經常偷懶不看，我覺得除非是想成為核能專家，不然各行各業都有專業領域的人才，我們只需相信核能是乾淨便宜的發電方式，支持「以核養綠」就好。

我常這麼告訴女兒：「媽媽和阿嬤是為了妳才上街頭的」，所以女兒除了支持我做「以核養綠」的志工，她也多次陪著我一起上街連署（是她給我的勇氣）。我們深信政府廢核之後就是火力全開（空氣品質每況愈下），農漁用地種電，這些對環境都會造成很大的傷害。

　　這次「重啟核四」公投雖然失敗了，但只要領銜人不放棄，相信我們這群志工夥伴一定會赴湯蹈火在所不辭，讓時間證明科學終將勝利。

我與台南志工仲唐、柏羽

學習能面對恐懼，但有人學習以恐懼勒索人

後山的學生志工
侯丞峰

　　我是花蓮區的侯丞峰，就讀東華大學自然資源與環境學系，已考上海洋大學地球科學所，未來打算研究海域地質、地熱與核廢料深地質掩埋技術，這一切的選擇是在能源公投後所確立的，今後也將投入核電與再生能源的永續取得上。

學習能面對恐懼，但有人學習以恐懼勒索人

　　2018 年 7 月正值第 16 號案公投時，高中畢業的我只是在等上大學的時間，透過新聞得知有公民團體在倡議核電，想起國中在 TED 上看到一部介紹核融合的影片，儘管現今核電技術還不是核融合，但上網查詢「核能流言終結者」的闢謠資訊後，我仍然寫下了連署書。

　　同年 9 月進到東華大學自資系就讀，此系立場正好是完全站在公投的對立面。當時我參加一位生態組老師舉辦的能源座談會，副標題剛好就是大潭藻礁的保育，當我提到核能並非如此高汙染，核廢料其實透過包裝與阻擋就可以解決，他們露出疑惑或驚嚇的表情，就知道系上是無知地反對，甚至是不敢面對。系上座談曾邀請台電核後端的地質工程師演講「深地質處置核廢料可行性」，地科組老師出現了，但反核老師就不見了。

在街頭上進行核能與地震的環境教育，是我在「環境教育教材教法」課堂分享過最自豪的環境運動（特別是在反核系所的學生前）

連署怪現象

　　不是飯盒都不讀書，而是總有意識想害人。進到東華後我認識同為公投志工的研究所郭亭秀學姐、退休人士黃以民大哥，協助我在每個黑夜中的街上、夜市展開的連署戰場。

　　學姐雖然就讀人文的諮商學科，但使用同理心的角度來說明空汙、電費也會伴隨能源問題出現，不單單是能源科技議題；黃大哥曾在科技大廠上班，他連署時如同業務員般鍥而不捨地向大眾攀談，這種主動型宣傳我也很希望能效法。連署時遇上的各種路人，有時會認真討論，也有時激烈干擾。我最有印象的是當時在火車站拉連署，而學姐暫時離開只剩我一人時，有名男子像趁勢般來回罵了神經病，當我回他核能被美國列為清潔能源時，他嗆說他在美國讀過書等等，這樣說話還算客氣了，卻沒想到那位可能是我系上的教授，因為在反核團體的聯名清單中，我發現有多名系上教授，其中一位留美讀書且研究室掛上「反核，別……福島」、「島嶼天光」、「獨立建國」等立場鮮明的旗幟，就是他嗆我的可能性蠻高的。

　　三年後我上了他的課程，起初我幾乎否定當時的猜測，這位老師談吐很溫文儒雅且帶有環境守護的氣息，他分享從童年、大學、當兵不斷親近山林與溪流，充分喚起對於環境教育的實質理念，也實踐在環教場所的推動認證，不過在談到核能議題時卻跟飯盒無異（註：飯盒是不懂抑或不接受科學的反核人士），如同他在研究室的旗幟，便可得知他如何思考，他提出核電廠建照成本、事故緊急避難圈都不是客觀的事實，所幸我不是選核能議題做報告，否則說出來的內容，會讓系上某些人不開心。

「並非每個生態都重要，尤其不在核電廠旁？」

　　說這些話的人認為反核是環保的，也就看不見能源轉型路上森林、農田、濕地等生態棲地逐漸被消失，全都跟著 2025 非核家園陪葬。某人曾說過：「藻礁公投發起方如同二次大戰前聽從納粹黨發起全面戰爭的老百姓，卻發現自己是推著後代到戰場煉獄的劊子手（但他們仍支持 2025 非核家園）」。藻礁是我進大學就特別在關注的議題，這段時間除了到過清華大學、核二廠、系上聽過正反面核能議題外，也在花蓮市「孩好書屋」聽過潘忠政老師傳述藻礁的美麗與憂愁，我認為這個開發不對，因此統籌了東華大學的「藻礁公投」連署行動（粉紅風暴）。

　　過程中，知道有其他核友認為即便電力穩定還是需要三接，也看過曾強調「能源轉型是為了環境保護」的綠色團體，在最後拋棄了藻礁並支持民進黨的燃氣政策。他們正當地稱要用全面性觀點看待藻礁及燃氣減空汙的取捨，卻不願面對那些氣源充其量只是廢除核電的替補品，對要除役的燃煤電廠，還看不出有像核一廠除役拆好拆滿的決心。公投前有東海大學社會系同學訪問身為藻礁志工的我：「現在政府有意讓步藻礁開發，請問對此你個人認為環保團體是否要有妥協規劃？」受訪一開始就聲明自己並不是傳統的環保派，時序回到提藻礁、深澳電廠、中火前，原本就有一座核四龍門廠在檢驗後可使用，加上現有核電廠延役可填補空缺，環保團體若能做到這樣子，才算是最好的妥協，可惜臺灣短時間內是看不到的，而未來也不確定，無辜的藻礁女神也只能哀嘆「因為蓋在我旁邊的不是核電廠。」

總結

　　核能不是再生能源的對手，是火力發電下的同伴。我在飯盒教授課堂上說，研究所要做離岸地質與地熱的研究，公投後一位支持台獨且擁核的朋友（幫我簽了許多公投）開玩笑說這是打不贏就加入的概念嗎？我回說核能跟再生能源從來不是敵人，反而是要共同對抗化石燃料，再來那回應也是順著老師在課堂上的期望，其實核後端的深層地質技術我也會試著去探索，期望最終能讓專業掌握真正的話語權，而不是讓利益取向取代專業。

最後期望大家以勇敢之心去實踐科學的正確性，
致敬給每一位站上前線的公投志工們！

站在身旁的郭亭秀學姐與我都是東華挺核代表，也曾在我大學後山自然人社群組與反核爭鋒辯論過，祝她找到心理師的工作

文組也挺核

社會新鮮人

友音

　　人一輩子總要瘋魔幾回，以供未來夜深人靜時思索回味，或在子孫的圍繞下吹噓、贏得個個眼神崇拜，或與從前也一同經歷的老夥伴把酒話當年。

　　參加「以核養綠」志工團，就是這種**「瘋狂」**。

　　我是 2018 年 8 月加入志工團的。當時我還是個應屆畢業生，才剛找到第一份工作，理當為東家盡心盡力（如今已是前東家），我的精力精神卻放在志工活動上，跟著夥伴在大安森林公園、西湖、忠孝復興、信義安和等地拉連署，鞠躬哈腰、喊到嗓子沙啞，實在有夠神經病。更別提那是在一年當中最炎熱的八月日頭下，在太陽下曝曬一整天的結果，就是出門前與返家後的皮膚活生生差了兩個色號。

志工就是由這樣的一群瘋子組成的。因為我們要對抗的龐大組織，強大又腐敗得令人難以想像，只有毫不畏懼的瘋子，或雖然畏懼但仍勇往直前的勇士才能對抗。

　　我們在資源與人力懸殊的情況下迎戰，就連遊戲規則也是對手說的算。

　　2018 年 9 月中選會不斷把連署書的最終送件期限提前，一次又一次壓縮我們的時間。記得某一天下午大約兩三點，中選會發表聲明，把期限壓在隔天中午。

　　看到新聞稿的我不禁怒極反笑。那一天是平常日，坐在辦公室的我看到各個群組異常活躍，大家痛罵政府之餘緊急宣布開戰、找戰友（大家都沒在上班啊！）。下班後我也衝去信義安和支援，並在十點半前把蒐集到的連署書上繳，讓自告奮勇的志工開車載了滿滿的連署書一路前往新竹造冊。

人生第一次投票

　　2018 年 11 月 24 日是驗收日，也是我人生中第一次投票。在執政黨精心的安排下，我排了三、四十分鐘的隊終於投好票，開票時還緊張到不敢坐在電視機前看，於是揪了志工去附近的酒吧散心。結果比預期中還快就出來了，我們直呼勝利，為大家的努力乾杯，一邊待到凌晨看台北市長的最終開票結果。**但那只是休止符。**

2021 年初我離開台北跑到新竹（那又是另一件會在老年時追憶的瘋狂決定），因此很晚才加入當年的「重啟核四」志工活動。我在新竹時，只是塞塞信箱、在臉書好友間拉票、辯論甚至吵架。因為知道自己所學不夠，所以也沒敢加入空戰。

　　我常自嘲自己是當低階苦力的陸軍小兵，只能往街上跑。終於，在公投前三天逮到機會回台北，小兵歸隊。公投前一天也很痛快地從早站到晚，給冬風吹、讓路人罵、舉牌舉到隔天起床時手臂仍隱隱作痛，總算覺得自己又是志工中的一員。

　　而當「重啟核四」公投結果出來後，雖然覺得挫敗，但也沒有想像中絕望，大概是心中早有個底了。

　　公投結束後有段時間，我常想這整件事到底帶給我甚麼？

　　除了與所學相差甚遠的寶貴知識，以及交了一群志同道合的朋友外，我發現最有印象的都是剎那間，幾乎是微不足道的時光。

　　一次，在公投領銜人於徐州路前絕食時，家父開車載我去現場應援，過了一小時後又載我回家。我坐在副駕駛位，聽著 99.7 古典樂台播放鋼琴家李希特彈奏蕭邦夜曲。我們在家門前停了一陣，直到曲終父親才把車開回公寓的地下室停車場。

還有一次，在 2018 年 3 月 6 號，家人傳了封訊息給我：「……我把email轉寄過去，列印提案書後簽署寄出。○○（男友名）如果願意，歡迎一起來。」

當時的我很是遲疑，心裡緊張得很，口沫橫飛地向男友解釋「以核養綠」公投和蔡政府 2025 非核家園的背景故事，接著才想到最根本的問題：他支不支持核能？

這個來自台南、全家一向支持綠營政策，連「以核養綠」都沒聽過的年輕人，咧嘴笑著說：支持啊。

在 2018 年大夥拉連署拉得最賣力的時光，我們在信義安和戰開站。在我們身後，坐落於信義通化街口的東區粉圓，裡頭的店員向我們頻頻招手，除了一位堅持反對理念的店員外其他都簽了一張連署書。太多了。太多了。

公投是一時，而它帶給我的經驗、革命情感和回憶是一世。除了親身經歷的人們，現在還有誰記得 2018 年和 2021 年曾有一小群人為了這個國家的能源政策奮鬥過呢？

身為一個文科的志工，我不諱言很多道理、物理運作方式、專有名詞我都不懂，也沒聽過。但至少，我能藉著這個機會把我的經歷記下來，在未來軟弱、失去勇氣的某一刻，提醒自己我也曾經勇敢過、努力過，打拼過。能參與這兩次活動，並能認識大家，何其有幸。

動物園門口吸睛的充氣北極熊，伴我宣傳：17 案請投同意！

I can see it in your eyes, How proud you were to fight for freedom in this land ~Fernando, ABBA

這是一個改變的機會

桃園媽媽

王彥涵

　　以核養綠，一開始只因為兒子的眼睛……「媽媽，我眼睛好癢……」揉揉揉揉到他眼睛布滿血絲，像酷拉皮卡的火紅眼……揉到他眼睛紅腫起水泡，眼皮睜不開……揉到他流黃綠色膿狀分泌物～我好害怕他會失去正常視力！

我是一名小耳症患者的媽媽。我有二個小耳症的孩子，嚴格算起來是二位雙側小耳症患者的母親。其中小兒子是單側耳道閉鎖，連帶地右臉顏面肌肉和神經發育不完整，以致於右眼不能正常閉闔。環境比較乾燥的時候，因為沒有眼瞼的完整保護，右眼就會反饋性地濕潤，常常會掛著很大的淚珠！也因為右眼不能完整閉合，他很害怕起大風或風沙很大的日子。當然，失去右眼瞼保護的他也非常害怕空氣品質不好的時節！每當他開始揉眼睛的時候我都無比擔心！非常害怕他會因為常揉眼睛而失去正常的視力！

　　起初並不知道是因為眼瞼無法完整閉合而引發眼睛過敏。本著「解決問題要究其根本，對症下藥」，為了他的過敏症狀，我們諮詢好多醫生，做過好多檢查。是鼻子影響眼睛呢？還是眼睛影響鼻子？或根本就是獨立事件呢？也抽過血液鑑定過敏類別。透過網路社群，看好多資料和其他家長經驗分享，一一排除可能的過敏原。自飲食排除到孩子個人衛生，都沒有改善他眼睛過敏的問題！他依舊揉著他的眼睛，揉到眼球上都起大水泡了，他還是持續著揉著……揉著……揉著「媽媽，我的眼睛好癢唷！」揉著……揉著……

血液和檢查報告出來，原來孩子是因為灰塵過敏。不是鼻子的問題，單純眼睛對灰塵過敏。加上沒有辦法完整閉合的眼睛，就會對環境耐受性又更低了些。原本以為是我惰於打掃，才會讓他過敏不斷。我每週幫他換洗寢具，每三天幫他打掃環境，還是沒有改善，依舊時常出現過敏現象！直到觀察到他會揉眼睛的時候，大部份是環境霧霧的時候……環境空氣品質不好的時候。當空氣品質不好，右眼就會開始流眼淚、揉眼睛、流黃色分泌物和起水泡。直到用類固醇後才能緩減他的過敏症狀。

　　一開始，認為空氣品質不好，生活還是得過下去啊！眼睛閉合不完整，境外空污來了，我們又能做什麼呢？我們什麼都改變不了，只能消極接受並認真生活！反正人生也是死路一條，早晚的事！對於這樣的遭遇，我們只能學習接受和應變！就跟接受他們是小耳症一樣，接受他，處理他，並且放下他。一切都是要面對的！我也是這樣教育孩子，無時無刻自己要懂得照顧自己，在有限環境下，爭取自己最舒適空間！接受他，處理他！

「媽媽幫你眼藥水放右邊袋子喔！眼睛癢，不可以揉喔！要請老師幫你點眼藥，千萬不要揉他喔！」為了讓孩子精準用藥，類固醇嘛！能少用就少用，能精準用藥就精準用藥。既然知道環境空氣品質是原兇，我就依著環境指標預防性用藥，帶藥到學校！在空氣品質不好的時候交代他不要去教室外。在空氣品質不好的時候，請老師減少室外課的時間並且幫我留意孩子用藥。我開始每天看空污指數的習慣。

　　每天每天地觀看，漸漸發現空污的來源並不是像政府宣示那樣都是境外汙染!!當強勁中國東北來風時候，反倒空氣品質很好！孩子的眼睛反倒不過敏！倒是弱東北風的時候，空氣品質就自台中往北慢慢地壞到北部來！「會不會是火力發電的關係？」心裡暗暗地想著。為了證實我的想法，除了每天看空污指數，連帶著連能源配置圖也開始觀看！試圖找出是否真有關聯？發現台中、高雄和桃園真的會有常駐的污染點，而那些污染點恰好是燒煤炭的火力電廠。空品也會跟著能源配置和風向關係，增加與減少！「孩子的過敏有改善的機會了！」內心喜悅著。若要根本解決孩子眼睛問題，那就必須解決空氣品質問題，想要解決空氣品質問題，那就要改變取電形式！但是，這也跟民生用電有關，魚與熊掌……？有沒有取代的方案呢？開始進一步了解能源型態各種原理和優缺！思來想去，「以核養綠」，是最好的方式了！要能夠不產空污，就是核能 cp 值最好了！如果核能比例上升，孩子過敏就有救了！心裡開心著！但是小蝦米

能有什麼撼動能力呢? 正煩惱自己的渺小時,「以核養綠」連署開跑了!「這是一個改變的機會!」我內心狂喜地想著,出現解決空氣品質的曙光了!馬上列表連署! 並且協印連署書,為身邊的人講解核能,排除疑慮,到認同到簽署。

一次不夠還有第二次!由於政府的賴皮,有了核四直球對決!經過一段時間的關注與學習,我更明白政府對能源政策規劃是多麼不科學。妄用不穩定的再生能源取代可控制穩定能源!經過大跳電,更提醒有穩定電力來源,才有穩定的經濟發展!有穩定的經濟發展,才有安穩的生活可以過!核能比例增加除了可以改善小孩過敏,更能決定孩子未來在這片土地生活得好和不好!所有的事情看似互不相關但又緊密相連!思及此,我馬上參與連署,先生更是自發性參與闢謠行列。傳播正確的知識,扳正不正確的言論。受過教育的人,不應該再默不作聲!

每天解說與辯論,都是為了順利讓一般民眾能對核能有所認識,了解了核能後,不再對它有恐懼,便會同意提高核能佔比。從獨立默默在網路社群付出,到受核友志工感召,上街頭幫忙發宣傳小卡片,到背著麥克風街上宣講!真是個很不可思議的過程!並且很難得的經驗!

雖然最後結果不能盡如人意，但是也盡了自己的力量，讓自己不後悔！不愧對自己的信念與所學！短短加入志工一週，也認識好多人，生活同溫層以外的人。覺得生活不虛此行，更學習到更多不同的觀點和知識。一切都充滿樂趣！原來人與人之間，可以為了同一個信念，這樣地互信互賴緊密結合。這種感覺不曾有，但是很舒服，我很享受那樣的人際關係。一切都非常感恩，也由衷尊敬這些無償的先行者，謝謝您們，讓我們有個改變的機會，相信總有一天能夠撥雲見日！

　　所有的路，不會白走，只要持續著走！讓我們一起伴科學同行！

　　兒子：「媽媽，妳快遲到了！快去發傳單吧！弟弟我來照顧吧~妳快出門~」兒子拿著我的宣傳牌催促著。在去街頭宣講前，也跟孩子解釋必須出征的理由。幸好，他們也很支持和理解，並且願意學習獨立。

　　修身、齊家、平天下！既然平天下做不到，那就好好盡自己做得到的部份吧！「以核養綠」，我同意！留給孩子一個美好的未來，邀請您與我同行！

帶著孩子了解核能，傳遞正確知識，期待下一代能做得比我們更好！

奇妙的緣起

退休媽媽
母子攜手做志工
素秋姐

　　話說 2008 年，因雷曼金融風暴，和文貞結識成患難情誼，當年為了追求公平正義，揪出銀行不法坑殺投資者的真相，我無役不與，最終我們全數討回老本，完勝！

兒子永康埋首最高學府的實驗室長達八年，當他興奮地說，已能完成肺部幹細胞的複製，卻是他惡夢的開始，指導教授私心作祟兩手策略，最終逼得他黯然離開博士班，最後一哩路的鍛羽而歸，不啻是永康人生中的重大挫折。此時士修適時創立「核能流言終結者」，永康對於追求科學知識和能源的理念，與士修的訴求不謀而合。印證了「上帝關了一扇門，必定會為你打開另一扇窗」，永康從此一頭栽入「以核養綠」的街頭運動，樂此不疲且重拾往日的信心，勇氣，和希望。

　　諸法因緣生，緣分就是俱足多種條件後的相遇，原來士修竟是文貞最親愛的姪子！誠如士修所言，我們是一群又傻又瘋的志工，打從第一次公投前街頭巷尾遊說群眾簽連署書，到第二次「重啟核四」的加強空戰，相信所有志工無不使出渾身解數使命必達！整個活動中，猶如玩生存遊戲般刺激又有趣，不管是活動前的戰略規劃，或活動中的行動方式，都要隨著雨都的天候與地點做機動調整，轉入空戰後，我們更是伺機加入綠色側翼的里民活動群組，母子聯手展開核能認知戰和科普宣導，偷渡「以核養綠」及「重啟核四」的重要訊息，還因此數度被偏綠群組封鎖，想到國父革命尚且十一次才成功，我們沒有喪氣的藉口，另闢戰場又是嶄新的開始。

　　愛因斯坦說得好：「人生就像騎自行車，為了讓自己保持平衡，你必須一直向前邁進」，「不要為成功而努力，要為做一個有價值的人而努力」。

李敏教授、葉宗洸教授、王伯輝廠長他們都辦到了！三位先生憂國憂民的情操以及他們對科學專業的堅持和大無畏的風骨，令人折服！更是我們這群志工永不放棄追隨的動力。感恩有您們！

第一次上直播，完全沒有在怕，核友說我講得不錯

我以為 2025 非核家園是開玩笑的

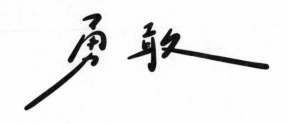

古典樂迷、愛看棒球
台幣滙率研究者
羅盛華

　　一開始接觸「以核養綠」是 2018 年在網路上看到有這個公投。我當年真的以為「2025 非核家園」是開玩笑的，發現竟然已經寫進法律著實嚇一跳！看到公投原本也沒有很積極要連署，畢竟我常常覺得這種東西不差我 1 份。隨著時間越來越少，連署書卻不夠，我決定親自去現場寫連署書，在捷運站與志工朋友聊天之後發現人力短缺，也決定加入志工行列。

　　在 2018 年經歷了很多趣事，也交到了很多好友，最終一張一張連署書收進來、完成連署真的非常感動。印象比較深刻的案例包括：一位路人走過又回來拍我的肩膀和我說謝謝，因為她的爸爸就是在核電廠做相關工作的；以及不斷有民眾提供飲食給我們，不過大家常常都沒時間吃喝。

　　這是我國第一個法律複決公投，很高興從連署到投票甚至抗議中選會都有我 1 份，在我們大家的努力之下終於讓一條惡法失效，真的很有成就感，至於政府廢核方向不變那就是另外一回事了。

2019 年繼續推出「核四商轉」公投，很可惜立法院當時趁我們連署還沒完成修法脫鉤選舉，造成了 2021 年投票失敗的遠因，而其實我是個自私又懶惰的人，如果不是真的很接近，我是不太願意出來的，在修法脫鉤後因為連署時間拉長，我的志工意願也下降了……這點有點感到對不起夥伴們。對於這次連署相對艱困，我個人認為是政治環境的改變，以及沒有太多政治人物支持，而讓我們孤軍奮戰，真的非常辛苦。

　　2021 年這次公投前我驚覺民調似乎非常接近，也決定上街在最後幾週拼一波宣傳。走過公園、夜市、棒球場、捷運站等等，這次雖然不像上次要準備一堆道具、相對輕鬆，但壓力在核四更為針對、更容易遇到來嗆聲的。我們通常都是保持理性，若有機會盡量溝通，但目的在講給旁邊的路人聽，讓大家理解我們的道理。

　　最終的結果當然不如我們所願，但是很高興這幾年來挺核 vs. 反核的「風向」已經大幅改善，記得小時候彷彿反核就是有理想、就是聖人，而挺核就只有擔心電不夠這個理由比較說得出口，其他理由相對就是愛享受、比較自私的、較缺乏理想性。我想有經歷過 1990 年代、2014 年這幾波的應該略可以體會我在說什麼。現在大家慢慢認知到核電也有供電穩定、極低碳排放、低廉且較不易受海外因素干擾等優點，我們挺核也是有理想的一群、我們說話也可以勇敢大聲。這方面的大幅突破真的要感謝台電員工、教授、以及志工前輩們多年來的努力。

手臂有點痠
但是一定要撐住啊

　　公投失敗，雖然難過，但我個人的生活如常，沒有什麼直接利益損失。最不捨的還是第一線努力的核四員工及教授們，難以接受他們努力工作卻面對政府及反核人士如此糟蹋。不過我也願意相信曙光已經看見，未來我們會是笑到最後的一方。

與核能議題和志工結緣

做，
就對了！

鍋民黨黨鼠席
格言：就只會吃

阿鼠

　　「以核養綠」志工是從線上到線下的結合，連署開始前多數人互不認識，因我養寵物黃金鼠，大家就習慣稱我為「阿鼠」。

　　2011 年「三一一地震」後反核謠言甚囂塵上，「核能流言終結者」聊天室 (下稱核聊) 在 2013 年底應運而生，為了避免接受到錯誤資訊，我觀察了半年才加入互動；2015 年參加「核四參訪團」，親眼看到一塵不染、封存中的核四。2017 年核聊討論《電業法》修正草案，直到 2018 年初，大家才知道李敏老師等人想利用「公投法門檻下修」的機會，用公投改變現狀。

　　雖與核能議題結緣甚早，但就和大多數萍水相逢也不是「擁核三公」的志工一樣，對公投很陌生的情況下，我很晚期才加入戰局。

我填寫過《電業法》一階提案書，並向清大申請 200 張連署書，格式並不陌生，但我一開始只想到要拉親朋好友，從未動過上街念頭。等待二階連署的空窗期有點長，原來是主文被中選會刁難，拖到快七月才能正式展開連署。然而想要綁大選就必須在九月初交件，實際上能連署的時間只有二個月多一點。而且有效連署必須突破 29 萬門檻，再加上容錯率就要更多，這對無權無勢無資源的民間團體，怎麼想都是莫大考驗。

連署啟動時正逢公司專案非常繁忙，早早收到滿箱空白連署書。一開始滿腔熱血認為「200 張應該不難」，轉變到「工作好忙但還有 200 張」遲遲無法有所進展，清大一天只進帳 300 份讓人暗自著急，但我分身乏術只能緊盯回報。

八月中專案一結束，連署壓力勝過接觸人群的焦慮，也不知當下哪根筋不對，熱血直衝腦門，盤算著總是要做點什麼才不會後悔。我選擇先去新埔站見習，那邊有群志工已經駐點一陣子了，隔天我就練習在板車開連署點，啟動街頭行動。不認識的志工陸續加入，大夥帶著大包小包，不是拿手板就是自製文宣互相認親，努力擺脫不適應和相互支援，板車首發戰績是 72 份！

雖然一個下午有 72 份是不錯啦，可是我們離目標還很遠……

有了街頭經驗後，傳出 8/25 要辦大活動，但一直沒有下文。再等下去不是辦法，8/20 我拉著弟弟研究全台鐵路的人流、站點和出口動線，分析出一份 ABC 三級的建議書，交給張中一和廖彥朋作佈點參考，廖後來請我整合名單，並把捷運也安排進去。

我看著 95% 不認識的名字，5% 只看過 FB 沒看過本人的總表，和極少數有合作過的志工，配合大家的地緣關係和志願序，硬著頭皮和張在 8/22 凌晨把佈點排出來，這樣物資才知道必須往哪集結，人員往哪支援。直到活動前一天，我們都還在忙著調度人員、補給和分發物資給臨近各站，那天我的私訊大概是有生以來的滿天飛……

825 雖然倉促成行，但結果是圓滿的。

當時被我「硬插」掛台鐵站長的各縣市志工，後來自然而然形成各縣市的主要負責人和物資集中站。有些志工會需要異地支援，也非常辛苦。北捷的站長群，個個都養出以一打十的功力，2019 年「重啟核四」公投，他們也都還是街頭主力。

拼送件

「825 全台車站串聯」媒體效應非常足夠，在馬前總統、江院長等人帶頭示範下，各地連署書不斷進帳。當天板車就進帳近 2 千連署書，從 8/25 起每天回到清大的量都突破 2 萬份，甚至送件前達到 4 萬多份！

好景不常，9/5 中選會主委陳英鈐威脅：再不送件就綁不到大選，明明法定時程是 9/13 不是嗎？碰上各種問不到確定答案的阻礙，李敏老師決定連夜趕工，請大家八百里加急把手上所有連署書送回清大，拼 9/6 送件！下午得到消息，我聯絡晚上在北捷開設的各連署點，請他們務必在十點前把東西送到西門站，我們要派專車連夜送到清大。

各站站長陸續集結，市府媽媽團晚來了，頂溪站也嚴重 Delay，志工說他們一邊收拾一邊卻一直有人趕來簽，實在捨不得放棄機會，一定要押到最後一刻，最後叫計程車飛車趕來會合。

專車等到十一點才離開西門，車程一路順暢。老師派人到校門口接車引路，教室擠滿學生和老師特地召回的研究生，大夥飢渴地等著台北送來最後一批連署書。師生挑燈夜戰到凌晨四點，終於完成造冊任務，趕上時程送件了！

9/6 送出了 314,484 份連署書，但離安全線還有段距離（理想值是 35 萬），因此大家沒有停下腳步，並準備在台北造冊，想在法定截止日前再送件。9/11 下班後，我帶著一些飲料餅乾去臨時基地，剛好碰到黃士修和廖彥朋在場。我之前在「核四參訪團」曾遇過一次黃，廖則是沒見過。我向他們自介：我是臨時協助 825 活動的阿鼠，他們才恍然大悟。

由此可知，「以核養綠」的志工團完全是沒有組織的組織，大家是無私地自動補位只為了做好一件事。雖然毫無街頭經驗，也沒什麼資源，就這樣把公投拼起來，這可以說是世界奇蹟了。

原本以為要忙也是成案以後，沒想到 9/13「二次送件」，黃廖被硬生生擋在中選會門外，立地開始絕食！新聞傳遍大街小巷，我下班後到文具賣場搜括黃絲帶，還買了瓦楞板設民主牆，趕去徐州路時已經人滿為患，政治人物來了、志工群來了、小老百姓也來了，大家的憤怒都寫在臉上！

白天來人多，晚上也需要有人守夜，當時有幾個志工志願輪流守大夜，我們則是下班後有空就去現場關心。這十幾天，有侯漢廷一服完兵役就加入街頭甚至接力絕食；有氣候變遷之父，2018 年唐獎永續發展獎得主 James E. Hansen 到現場探視士修，並說著：「這張圖表 (1970～2020 臺灣能源使用量與能源配比)，讓你拿去對抗你的政府」；有柱姐不時來現場，現場也一直有人送水送補給加油打氣，就這樣大家一直撐到 9/26 去行政法庭打「假處分」，絕食行動才停止。

好像……也就只能這樣了吧？該回歸正常生活了。

峰回路轉

10/12 中選會公布查對結果，果然「以核養綠」被幹掉，還被判定有 9,492 個未簽名！什麼鬼啊，怎麼可能？！

各地簽回的連署書，志工會初整才送回造冊。除了確認個資，造冊還要區分縣市，再細分到鄉鎮市區，最後再各別編號。一張連署書從簽署到列入造冊至少有五道手續五雙眼睛盯著，時間再怎麼趕，這些程序一個都不會少。

有經驗的街頭志工，一張連署書只要三秒就能判定是否能列入造冊，以我個人經驗，明顯漏資料的比率不到 0.3%，這些明顯 NG 根本就不會進入造冊程序。這樣要怎麼生出 9,492 個未簽名？我想破頭都不知道。這對所有人的努力實在是種嚴重侮辱！

幸好法律還站在我們這邊，10/17「假處分」開庭，北高行裁定 9/13 補充連署書併入 9/6 一次送件的數量，士修將 2.4 萬份連署書送進中選會，10/23 便正式公告 16 案成案。

「以核養綠」成案了！但是過關要 495 萬票，且離投票日僅剩 1 個月！

「以核養綠」是 2018 年最晚成案的公投，資源也最少。宣傳時間被壓縮到一個月，各種自製土炮文宣紛紛出爐。我自己設計和印數千張 DM 和小卡到處發送，同時也協助發包「以核官方文宣」和分配到各縣市，一時街頭又熱鬧起來了。

　　以核街頭志工是負時薪志工，吃飯自己來，交通費自己出，有人會自己準備資料發送，有人特別去基地領取物資，就怕轉運有空窗期；老師則是找人協助拍廣告上電視，友情價；陳鳳馨小姐協助主持拍攝科普節目：「能源大小事」；王明鉅院長 (現桃園市副市長) 拼命在 FB 寫文章……還有更多更多低調的社會大眾，用各種方法默默支持「以核養綠」。

　　10/17 選前黃金週，各地都有安排宣傳活動，正逢 Michael Shellenberger 和幾位國際學者來台，Michael 想在南下的路上和外縣市志工見面打氣，我趕緊聯絡外站接待貴賓。當天板車有「新北耶誕城」，他站活動陸續在傍晚結束，不少志工不想放棄大量人流的機會，一股腦都往板車跑，大家一起在戶外，就著耶誕燈飾的光一路站到晚上十點。距我早上開站，大家已經整整在街頭站了 12 小時卻沒人喊累。

　　選前幾天，突然冒出很多投「不同意」才是支持核能的謠言在大量傳播，大家討論除了加強網路空戰，地面要站街頭還要加投信箱。我連夜設計「16 同意」的 A 6 文宣送印，志工各自畫出地界，時段好就宣傳，沒人流就投信箱，務必把消息盡全力擴散出去。後來有志工跟我說，他們得了慣性手癢的病，走在路上看到信箱就想塞文宣，無時無刻塞好塞滿！

「以核養綠」通過了，核四卻生死難料

　　投票當天的排隊人龍頗長但順暢，可惜焦點都被台北市長邊開邊投給掩蓋掉。我在家看電視滑網站，平靜地看著同意票不斷向上爬，「以核養綠」過關了。不過民進黨政府的對應是，投票後三天《電業法》第 95 條第一項 (即 2025 非核家園) 自動失效，但實質內涵卻不變。

　　這是惡霸還是整人？

　　有些人問，為什麼不一開始就投「核四公投」，事實上就是因為

第 95 條第一項存在，民進黨亂修法把期程押死，屆時不是核四封存與否的問題，是連核一、二、三廠都要運轉禁止。如果要解開核能的枷鎖，就必須先把該法條廢掉。

「以核養綠」公投是對民進黨政府過度傾斜的能源政策表達不滿；對不合理的風電和光電破壞環境的提醒；也是對國安危機的預警；對核工、電廠人才斷層的憂慮，更是給政府轉彎的下台階，因為這才是真正的民意。明顯而直接的效應是：反核團體再也不敢宣稱非核家園是臺灣人共識！

看到政府這副光景，我們知道再次推動「核四公投」是免不了的事。

離正式推動「核四公投」有段空窗期，此時士修丟了一個計畫請我代為主持：找出「以核養綠 9,492 個未簽名」的證據。中選會有給一份不合格連署的紙本資料，告知不合格理由。理由有數種：戶籍不到六個月或未滿 18 歲；姓名、身份證字號、地址有誤；未簽名；偽造。重複和死亡連署不在法條內，但仍會刪除。

數十名志工用空閒時間花二個月，各自認領人工校正後的資料並重整分析，最後我們得出一個結論，9,492 個未簽名占了 3% 的不合格率，但真正顯示「沒有名字或無法判讀（這通常是花式簽名的緣故）」的比例，連 0.1% 都不到！

資料庫整合後，程式人員設計「不合格查對系統」，供連署人事後查對，更釣出一堆不合理現象：諸如有資深志工被判定不合格或戶籍不到六個月；親友當著面簽署卻被認為是偽造。政治人物像張善政、牛煦庭等也被判定不合格，理由卻是「戶籍不到六個月」。張善政戶籍在當時，設籍花蓮已十年；牛煦庭當時正在選市議員，怎麼樣都不可能因為「戶籍」而不合格，士修也向本人求證過，而中選會卻一直提不出合理解釋。

面對各種奇怪的狀況，卻沒有人能還志工和連署人一個公道，而我們僅僅是執著地想找出「真相」。

明知不可為而為之

很少人知道，2018 年推動十大公投的同時，也有「非以核養綠」

的團隊在收集核四公投連署書，但因來不及綁大選，經過分析和勸退，對方放棄連署，把機會讓給以核養綠團隊。

也正因為中選會同意過核四公投主文，在以核的提案主文與對方僅有一字之差的情況下，無法再被中選會挑剔而過關，可順利開啟二階段連署。然而李敏老師帶頭的「核電延役」，和廖彥朋領銜的「核能減煤」就沒這麼好運，被中選會百般刁難而被打了回票。

而我們想要重新啟動街頭連署，狀況也比前一年更糟了。主要原因是受到《電業法》第 95 條第 1 項僅僅只有「刪除法條」，政府還是一意孤行，以及愛家三公投過了，法條卻修成非他們所願。

「公投根本沒用？！攏豪小啦！！」

受到「公投無用論」的影響，而且這次只有「重啟核四」在街頭拉連署 (其實還有反核的連署，但奇怪的是幾乎沒看到他們出現在街頭)，媒體管道也被封鎖，宣傳上異常辛苦。此時出現一個契機：國民黨黨內初選，韓國瑜和郭台銘各自拼場，場面很大。

對志工來說，有人流有機會，數連署書比數鈔票還開心！我曾和志工打趣說，假設核四建廠三千億成本，除以連署書 (37.5 萬)，等於一票價值 8 萬元！8 萬元吧！我們別無選擇，決定趁著造勢場合大舉簽連署書。

首先是 6/1 韓國瑜辦在凱道的場合，我們透過政黨友人協助，在凱道取得一個小小攤位作連署點，另外我在捷運台大醫院站出口週邊也設了好幾個點，連老師們都下海充當志工了。大夥拼命簽拼命發信封，人流真是多到炸，每個人手板都是滿載狀態。很快的，在凱道裡面的據點緊急求援，不久之後，連台大醫院這邊的庫存都有點危險。

「土條，趕快再送物資過來，還沒見底，但人流太可怕了！最好先補給。」

下午有段時間大雨滂沱，地面積水，志工不但要保護連署書，還要穿過重重人牆才能把物資送進凱道，他們擠了一小時，腳底全溼地回來據點。同時，現場人實在太多，連要臨時買食物飲水都極度困難，後來是託志工過來支援時，順便從外地帶補給才辛苦解圍。

隔天我在板橋開連署點，特別從台北市東區過來協助的王見豐醫生問我，昨天凱道的效果很不錯，韓接下來會去花蓮，花東志工比較少，我們要不要也找點人下去幫收連署書？

「錢的事情不用擔心。」

很快的資金就匯入協會帳戶，我要做的就是安排特遣隊，把儘可能多的連署書帶回來。

吸血鬼戰術

和士修討論確認要下花蓮後，我一邊徵集特遣隊員，一邊思考食宿和交通問題。這次是端午連假，Ena 大方地提供花蓮的房子借我們暫住，並提醒房子不能煮東西，若人員太多會需要打地鋪，附近便利商店有段距離，吃喝要先準備好。經費有限，能省一筆就謝天謝地了！

主動報名特遣隊的隊員，都是當初 2018 年就在一起打拼的資深站長，最遠還有從新竹和南投來支援的。確保人員運補都沒問題後，再來就是拼包信封的速度，和場勘後決定本陣要設在哪裡，如何機動支援。

此時士修擬了一個「吸血鬼戰術」，要旨是透過感染種子的病毒式傳播，一傳十、十傳百，透過韓粉幫忙擴散連署書，不只要簽連署，更要發信封！這其實是極度違反人性的事，因為現簽連署書立馬入袋，發信封卻要等不知何時甚至被遺忘的回寄，當時也有部份志工質疑戰術。

彥朋：只要下禮拜帶一張韓版連署書回台北，黃士修就要謝罪。
士修：(露胸部)
彥朋：黃士修假設一成參與者會簽連署書 +100% 的攜回率，我就坐等謝罪了。
阿鼠先偷塞一張到背包裡。
士修：……你到底是有多想看我的胸部！

「公告：花蓮特遣隊只要下禮拜帶一張特別版連署書回台北，黃士修就要謝罪露胸毛！！請大家發好發滿發到手軟腳軟，老娘不想看胸毛！！救救黃金鼠勝造七級浮屠！！」

我們 6/7 一大早在總部集合，把大量物資搬上車，在蘇澳吃中餐，此時南投部隊繞了一圈北上到龍門再往花蓮進發，只落後我們一點，大夥到花蓮住所集合已經下午三點。還來不及休息，大家急著把隔天要發的信封，以 5 張普通版加 1 張特別版的模式裝好裝滿，一直到近傍晚，包裝作業終於收工了，我們才到東大門場勘。

繞場二圈後，在代天府設了臨時據點，大夥走到東大門試水溫並熟記動線。原本是想讓志工先在東大門覓食，沒想到大家手癢當場拉起連署，沒人要吃飯！身為領隊，我只好趕快找攤炸蛋蔥油餅，一個一個把志工拎回來吃東西。回到住所已經九點半，我請大家洗洗睡，好應付隔天的硬仗就先上樓沖澡。

欸等等！沒熱水啊！！

硬著頭皮第一個洗完戰鬥澡，我接到緊急電話，告知花蓮場有友軍提供一個攤位讓我們拉連署，唯一的缺點：那邊是救護站，下午活動開始前必須讓出一定空間給醫護進駐。有據點總比沒據點好，大家查看地圖，抓了一下大概位置後，決定隔天提早出發好避開交管，早一步搶占據點，越早開始佈署越好！

早上七點半我們進駐本陣，「吸血鬼行動」就此展開。造勢活動下午才開始，但很多攤販早上就到，當天坐火車南下和花蓮當地的志工也都來本陣會合，忙著引導簽署和發信封。韓粉很熱情，會呼朋引伴甚至主動回頭拿一堆信封去分送；隔壁的店家更送上一堆麵包和飲料，多到我們一群人吃不掉分不完，還帶回台北分送龍山寺遊民。

連署點火熱開張後，醫護還未進駐就碰到有民眾膝蓋擦傷尋求協助，我趕緊拿小椅子讓民眾坐著，瓶裝水稍微清洗傷口，再取出隨身的 OK 繃，意外當了一回「救護站」。

時間越晚，現場通訊越來越不順，幸好有凱道的前例在，我請大家務必小組行動，每隔一陣子就要看訊息。下午四點半現場音樂和氣笛聲不斷，活動推向高潮，民眾的注意力被大量吸走，要簽署已不易，因此請大家減少現簽，設法把信封發完。

大約五點半開始，現場人流開始向外移動，志工全數派出，留我一人在本陣應付現簽；幾個孔武有力的志工，抱著一堆熊袋（家法哥

自製的熊黨提袋,提供給志工使用)就往遊覽車方向飛奔而去,請司機幫忙分送。他們手持數十公斤在人群中來回走了二公里,非常辛苦。大家陸續回報信封發完,一一回歸本陣,手腳都餓到發軟了,算算從早到晚,我們拼了整整 12 小時才收兵。

太好了……不必看到土條胸毛了……

吃完晚餐和南投群道別,大夥輪流休息整理連署書,一路撐到凌晨二點多大家才陸續就寢,隔天一早十點整裝北返,沿途帶「洗撈」要給領銜人嘗嘗滋味。志工吐槽我,正餐吃得不錯,是不是想藉此撫慰大家受苦受難的心靈啊?被～看～穿～了。

被賜死的公投法

雖然 2019 年明面上就只有核四和高成炎領銜的反核公投在進行連署,顯然 2018 年九合一大敗給民進黨很大的震撼,黨亟需對公投法動刀。我們最早希望在六月初收集完,留一點時間拼造冊,就是因為知道公投法即將修惡。

連署要附「身份證影本」和公投脫勾大選是這次修惡的重點。6/15 當天南北各自忙碌,中南部志工到雲林韓場拼連署書,一堆人拼到快中暑;晚上,士修和毛嘉慶到立法院開始絕食抗議,所以北部志工一邊要拉連署,一邊得去青島東路和立法院群賢樓外支援抗議「公投法修惡」的行動。

6/16 傍晚,呂副總統帶了社運老夥伴在青島東路上召開記者會,同一時間,凱道被林飛帆借走搞「反送中」,一時之間「香港送中;公投送終」,媒體焦點自然集中在「反送中」上。有趣的是,臺灣的年輕人對公投修惡毫無警覺,卻有香港來的年輕人主動過來詢問,好奇我們在抗議什麼。

我卡在記者群中開直播,姿勢僵硬而傷到左膝,自以為年輕二週就會好,結果醫生說要養傷三個月～半年。不過連署重要,我一直沒好好休養,一年後都還有點後遺症,好多街頭志工也因常要提重物又要久站,多少累積了一些傷害。

6/17 早上，呂副又來群賢樓前，在立法院進進出出，試圖改變結局。我們在場外看直播，傍晚公投法就被三讀定音：連署不強制要求附身份證，但公投被脫勾大選。從此以後公投被訂死在每二年的八月第 4 個週六，最酷熱的時間、開學前家長最忙的時刻，民進黨對公投說有多惡意就有多惡意！而我們卻只能眼睜睜看國民黨立委在場內丟水球！公投被脫勾大選，沒戲唱了……但我們的旅程，還沒結束。

關關難過關關過

公投修惡並沒有讓志工停下腳步，接下來的台中和新竹的韓場，板橋的郭場都有志工犧牲假期奮力拉連署的身影。7/7 凱道「反鐵籠公投」，士修希望活動前能準備好 10 萬份回郵信封 (50 萬張空白連署書)，同時也請郝前市長找人支援，並要我設法估計完成時間。

我說這太困難，出動人員數量未定；生手熟手比例未知，印刷到貨再怎麼快都要 3 天。在絕大多數志工有正職，變數太多的情況下，最後我概估工時 50 小時 (扣除睡覺 8 小時) 方可完成。

由於在短時間內要調度大量資源和人力，同時還要印刷廠配合，除了專人運送外，很多雙北志工下班後帶著各式推車或菜藍車，搶著領走數千數萬份，手腳慢了就沒了；時間能配合的志工，則和郝前市長找的志工媽媽們，大家開了流水線，拼了老命一直包一直包，手都停不下。

由於信封數量極大，我們一時需要很多箱子裝載。有個熱心民眾馬上主動聯絡我，捐了幾百個約可塞入 200 份信封的全新雙層瓦楞空箱過來，每箱裝滿不會太重，容易堆疊也有一定的防水功能，真的幫了我們很大的忙。

猜猜最後花了多久解決 10 萬份信封？工時三天共 49.5 小時。

三重 9/8 是在核四公投法定交件日之前最後一場韓場大造勢，很多北部志工參與這次活動。我們到二重疏洪道周邊場勘過，唯一的問題是，我只知道有爭取到保留攤位，但直到活動當天早上九點，我和志工人在三重站，才總算問出攤位編號，拉著一堆物資，在一片混沌中找到落腳點。

But！為什麼我們的攤位空空如也，完全沒有桌子？！

我問了其他攤商，他們說有申請才有桌子。我們臨時才被安排到攤位，自然來不及申請。問題是，本陣連署沒有桌子會變得很難運作，而且早上竟然下起細雨，物資只能很克難地放置。還好志工臨機應變，設法把折疊桌帶進場，在下午人潮聚集前就解決問題。

公園占地極廣，從三重站進入會場，入口有個很大的斜坡，由於是人潮必經之地，除了本陣外就屬三重支站最為重要。然而二邊距離相當遠，入口斜坡是個關卡，從草地要往上走也有大斜坡，會和人潮撞個正著，推車運補極為困難；本陣也受限貨車停泊區有段距離，又會經過大量草皮，要從貨車上運補物資進本陣也困難重重。

儘管已經預料到運補是個大考驗，三重支站也儘可能派人運補，實在沒料到韓粉狂潮有多恐怖，志工手板全部一打多，大家恨不得多生幾雙手、把背捐出來給民眾好寫字。一時之間空白連署書竟被耗盡，只好迅速拆一部份的信封，把連署書掏出來給民眾現簽。向三重支站運補的推車，也一路被阿伯們要求簽署而動彈不得，只得緩慢推進。

看著本陣儲存的箱子逐漸減少，就算是在持續補給三重支站，總覺得消耗速度有點異常驚人，我趕緊請壯丁到貨車處再卸一些箱子進本陣，一來一往就起碼耗了半小時。

萬萬沒料到活動結束後，我們本陣清場整理完撤退，志工開著貨車，意外在草地旁的人行道發現一大疊箱子。「這箱子好眼熟？」志工跳下車定睛一看，沒錯，是我們的信封箱：有 29 箱被棄置在奇怪的地方，還差點被清潔隊開罰（以為是亂丟垃圾，沒想到是被惡整）。幸好物資還來得及救回，那可是大家辛辛苦苦包出來的成果啊！怪不得我事後怎麼估算成果都覺得數字對不上，是誰偷了連署箱！還害我們浪費人力和時間作無效運補！

雖然被惡整有點不完美，但三重場的成果是甜美的，在大家齊心協力之下，核四公投進入最後的造冊程序。

志工的敏寶

　　世界上擁有核工系的學校不多，在一波波反核浪潮和未來出路考量之下，清大核工系也改為工程與系統科學系，下設核工組。據葉宗洸老師所述，每年都還是會有二、三位學生篤志專修核工。問題在於核工的經費早已被政府惡意斬斷，臺灣的學生也被迫往除役方向研究，沒有新意，沒有未來。

　　學校畢竟是學校，不會有多餘精力進行社會運動，一直以來，我們的任務分配是志工專注連署，由清大進行造冊。但大批的連署書進帳後，一時之間工讀生消化不來，被志工暱稱敏寶的李敏老師便詢問我們是否有空支援。我踏入綠能館次數手指頭數得出來，第一次支援造冊就被熱情的敏寶結界困住了。

　　敏寶：沒造完冊誰都不准走，這裡有結界～（過了 N 小時……）
敏寶：我們有訂便當，吃完才准走，這裡有結界！（造完冊後……）
敏寶：我 們 訂 的 飲 料 還 沒 來，誰 都 不 准 先 走，這 裡 有 結 界 XD
　　　　（老師，再不走我們要睡教室了……）

　　來支援的志工都是老手，加上連署書大多已有分好鄉鎮市區，雖然多數志工第一次接觸造冊，忙了數小時後便完成收尾，只剩印副本和最後核對的程序，就要準備送件了。核四公投啟動後，不管是六個月來所有參與的大大小小老老少少負時薪志工，還有參與連署、支持以核養綠或是願意用公投的形式來表達民意或訴求的民眾，每一份連署都承載著大家的期待。儘管前路兇險，但我們只能選擇拼下去。

　　面對這麼長的宣傳期，老師們除了持續投書和媒體互動外，也安排過座談會和清大原子爐參訪以及 BNCT 解說，志工群也有參觀台電北展館、Stand Up for Nuclear 全球串連等不定期聚會。甚至王明鉅院長曾經想發起「我愛紅娘核四參訪」，活動都規畫完，領隊也找好了，卻被民進黨政府橫生阻攔，從此以後，再也沒有人可以參訪封存中的核四廠了！

全民都是輸家

到了 2020 年 9 月，國民黨推出「反萊豬」和「公投綁大選」雙公投，2021/1/9 正式啟動第二階段連署，收集超過雙 70 萬份，送件交出雙 50 萬；由潘忠政老師領銜的藻礁公投於二月底發動告急，在媒體推波助瀾下，最終也交出超過 70 萬的成績送進中選會。2021/5/7 中選會通過其他三案的二階連署，四大公投成立，我們終於不再是孤軍。

由於原定的投票期程是 8/28，離投票準備僅剩三個多月，國民黨各種實體宣講正要展開，便因突然的新冠疫情三級警戒嘎然而止。以核本來就以空戰為大宗，雖沒有停止腳步，但實體連結也受到阻礙。國民黨因黨主席選舉，整體步調重新調整到能夠再次投入公投，已近十一月；而以核志工人數本就稀少，除了打打空戰外，真正能強力重新投入街頭，也是十一月以後了。

從士條應邀首次到花蓮街講，以及清大老師們和王伯輝、林文昌廠長等人，馬不停蹄從南到北四處宣講，我從旁協助安排、穿梭和觀察，即便在以核長期投入、創造議題，以及四大公投 (尤其反萊豬聲量極大) 各自宣傳的情況下，還是有非常多人根本不知道有公投、投什麼、什麼時間點，這實在是件非常可怕的事。

在媒體幾乎被全面控制的狀況下，突破同溫層實屬不易，要突破民進黨封鎖議題更是極端困難。士修用了不少方法吸引媒體注意，被看見、被討論比起支持與否更重要，因為「以核養綠公投」已證明 6 成挺核民意，重點在投票率。

然而不幸被士修言中，這次總投票率 41%，遠低於 5 成投票率的預期。

面對黨的資源用之不竭，反宣傳打了這麼久，科普了老半天，還有人無視公投使絆子，最後繞回基本盤原點，投票率過低，結果也沒有代表性，這次大家都白忙一場。

你的歲月靜好，是他人負重前行

　　很高興結識了一群無私無我、志同道合、看到整疊連署書比數鈔票還爽的「瘋子們」。我一直認為，身處在歷史的轉捩點，當有機會改變它，我寧願多出點力都好過於不作為，因為當下不做，就來不及了。

　　我知道還很多人願意繼續投身科普，因為選舉終是一時，教育才是永遠。我知道臺灣未來面臨能源困局時，當年有一群人不畏強權不求己利，只為求取那一真。豈能盡如人意，但求無愧我心，做，就對了！

街頭　身影

科學——終將勝利

無煙硝的革命 - 以核養綠公民運動紀實

作　　　者：核能流言終結者

主　　　編：魯燕芳

總　編　輯：黃士修

美 術 設 計：十一百造股份有限公司

美 術 編 輯：李秉勳、戴聿玟

插　　　畫：李秉勳、戴聿玟、黃亭瑄

內 文 與 照 片：作者、志工群贊助出版

輸 出 印 刷：卡樂彩色製版印刷有限公司

出　版　者：黃士修

經　　　銷：白象文化事業有限公司

地　　　址：41264 台中市大里區科技路 1 號 8 樓之 2

專　　　線：04-2496-5995

I　S　B　N：978-626-01-1447-3

初　　　版：2023 年 7 月 31 日

定　　　價：新臺幣 320 元

國家圖書館出版品預行編目 (CIP) 資料

無煙硝的革命：以核養綠公民運動紀實 / 核能流言終結者作 . -- 初版 .
-- [臺北市]：黃士修出版；臺中市：白象文化事業有限公司經銷，
2023.07
　面；　公分
ISBN 978-626-01-1447-3(平裝)

1.CST: 環境保護 2.CST: 永續發展 3.CST: 核能發電 4.CST: 公民投票

572.63　　　　　　　　　　　　　　　　　112009816